这样学语文

刘从良——著

北京师范大学出版集团
BEIJING NORMAL UNIVERSITY PUBLISHING GROUP
安徽大学出版社

图书在版编目(CIP)数据

这样学语文/刘从良著. —合肥:安徽大学出版社,2018.11(2020.6 重印)
ISBN 978-7-5664-1523-3

Ⅰ. ①这… Ⅱ. ①刘… Ⅲ. ①中学语文课—课外读物 Ⅳ. ①G634.303

中国版本图书馆 CIP 数据核字(2017)第 324632 号

这样学语文
Zhe Yang Xue Yu Wen

刘从良 著

出版发行:北京师范大学出版集团
安徽大学出版社
(安徽省合肥市肥西路 3 号 邮编 230039)
www.bnupg.com.cn
www.ahupress.com.cn

印　刷:天津泰宇印务有限公司
经　销:全国新华书店
开　本:210 mm×285 mm
印　张:14
字　数:255 千字
版　次:2018 年 11 月第 1 版
印　次:2020 年 6 月第 3 次印刷
定　价:30.00 元
ISBN 978-7-5664-1523-3

策划编辑:杨　序　汪迎冬　　装帧设计:曹文强
责任编辑:杨　序　汪迎冬　　美术编辑:李　军
责任印制:赵明炎

匠心与匠气

王建明

得知从良老师的第二本书《这样学语文》即将正式出版，作为他的同事，我很高兴。书中内容涉及高中语文教学中的几个重要方面，是他这么多年来语文教学的经验总结，是奉献给学生的最有用的语文学习宝典。我也是语文老师，深知中学语文难教，不得要领的学生居多，他们需要这样的老师和这样的书引领。这需要有深厚的基本功和教学见解，擅长于在学法指导上深耕细作，需要有专业上的研究能力，还要有梳理和总结文字的能力。这些，从良老师都具备了，所以才有了这本书。

从良老师是个有职业规划的人。我常常惊叹于他做老师的天赋，课堂上口吐莲花，精彩纷呈，饱受学生欢迎，是学校的一块金字招牌。他完全可以像很多老师一样，凭借这些资本而逍遥自在地做一个不错的教书匠而无需如此虐待自己，但这个人到中年的老师并没有出现所谓的职业倦怠期，他非常有节奏地安排着自己人生的每一个阶段，写论文、录微课、出专著、经营公众号，并把自媒体与语文教学完美地结合起来，毫无悬念地成为了合肥市的语文大咖，甚至在全国语文界都有了一定的影响。从他身上我看到了做一个有规划、有追求的老师是一件多么幸福的事情。

他是一个有匠心而无匠气的老师。老师做久了，难免有匠气，不再愿意花时间去研究教材，去认真备课。要考试的内容，信手拈来，不考试的东西基本不知道。有的老师讲课永远是那样刻板，味同嚼蜡，学生心生厌恶，自是情理之中。但从良老师似乎并不满足现状，他博览群书，总是在充实自己，生动的教学来源于自己深厚的专业基本功。他愿意研究课堂和学生，愿意研究教材，不拘泥于规范，敢于别开生面，上他的课是一种艺术享受，这可能就是大家所说的工匠精神，他把老师这件事情做到了极致。他也不像有些老师，总是生活在抱怨之中，对语文不满，对高考不满，对学校不满，对学生不满。在大家眼中，他总是那么安静，那么平和，不急不躁，恬淡从容。这是一个内心充实的人才有的表现。

他是一个专注做事且有毅力的老师。他有着与其他老师一样繁重的教学任务，要参加学校所有的活动，并且身体还略有小恙。每当我看到他艰难地在五层教学楼上爬上爬下，我都在想，这得要有多大的毅力、要花费多少业余时间，才能写出这么多文章？这难道不就是敬业精神的最有力的表现吗？作为一个老师，我们不仅要传授给学生知识，最重要的还应该是以自己的行动做学生的榜样，告诉同学们应该以怎样的生活态度和生活方式来对待即将到来的职业生涯。他的学生们从他身上获得了最值得骄傲的财富。我校一直倡导学生在紧张的学习之余，多读一点课外书籍，并把这种理念纳入到了日常教学中。我们让学生学会挤出时间读书，鼓励学生去读自己喜欢的书，创造各种机会和场合，让学生畅谈自己的读书体会、见解。我们提倡的是一种纯粹的读书、涵养生命的读书、与高考无关的读书。一个人如果爱好读书和运动，这个人一辈子都不会太差，因此我们应该在学生们最应该读书的年龄，给他们这个机会，让他们喜欢书，大量地阅读书，养成读书的习惯。我们把指导学生读书的任务交给了语文老师，老师们也都很用心地在履行自己的职责。但是我们知道，身教永远重于言教，如果每个老师都能像刘从良老师那样爱好读书，爱好写作，那么这种无声的影响比任何号召都会有用。

2018 年 10 月 30 日于合肥八中

（王建明 合肥八中校长，合肥市十佳校长，长三角最具影响力校长。）

目录

第一编 八卦语文

第二编　解析阅读

第三编 解锁作文

第四编 闲话表达

第五编 揭秘高考

第一编

八卦语文

第一节

字音那些事儿

先讲个许多老师的小秘密。新接一个班，面对新学生，要点名，发现很多学生的名字里包含生僻字或多音字，老师不认识或念不准，为了避免尴尬，老师常采用的办法是把不认识的学生的名字跳过去，然后再问谁没有点到，学生举手，老师很自然地问道："你叫什么名字？"学生便会主动告诉你。

的确，字音是个麻烦事，即使一位教了多年书的语文老师，读错了字音也在所难免。

即使读准了音可能还带有口音的问题。比如易中天，字音读得很准，却带着明显的湖南味。

2006年到2015年，安徽高考语文卷是自主命题，语言文字运用的第一题，考字形多，考字音少，这除了考试的其他要求外，很大程度上出于对考试公平的考虑，因为安徽各地区的方言差别大，常考字音可能会有区域公平问题。

安徽由三个文化区域组成：皖北、江淮、皖南。三个区域是按淮河和长江为界划分的，这三个区域的口音差别也非常大。其实江苏也可大体划分为苏北、苏中和苏南。相对应，苏北口音和皖北口音特别像，苏中口音和江淮口音特别像，苏南口音和皖南口音特别像，例如，马鞍山人和南京人口音差别就不大，文化、习俗也很像，为什么会出现这样的情况呢？这是因为直到清朝初期，安徽、江苏这两个省大部分地区都属于江南省。顺治年间，为防有第三方势力利用富裕的江南省做大做强，危及朝廷统治，清政府决定将江南省分而治之，这就是后来的江苏和安徽。正是由于三个区域的口音差别，安徽高考就不常考字音。记得我在皖北教高三时，做“江南十校”联考的卷子，字音题设错的项竟然有把“n”标成“l”的，我们那边的学生都感觉很可笑，觉得太简单了。等我到了合肥才发现，这不是一件简单的事，我经常听到来自南方的老师把牛奶读成“流来”（“来”读第三声），把“娜娜”读成“辣辣”。我的一个同事，就把途经我们学校门口的166路公交车说成“腰拗拗（四声）”。

安徽的高考题考字音，还很少考声调的变化，错项的字音里要么是声母错了，要么是韵母错了。这看似公平吧，却又带来一个新问题，设韵母错，难免要出前后鼻音的字，皖北学生明显比合肥及以南的学生读得准一些。我来到合肥后给学生上课时，只要一说到前、后鼻音的字，就会有学生问是前鼻音还是后鼻音，以前在皖北教书时就没出现过这种情况。合肥街上常见一家叫“蒸功夫”的小饭店，我就觉得名字起得不好，“真”和“蒸”明显不是一个音呀。教室里也会有老师贴上“静、净、竞、进”四个大字，在我看来也很奇怪，因为很明显最后一个字是前鼻音，和前面三个字的读音是不同的嘛。

当然，也有些前、后鼻音的字音，皖北、皖南学生都分不清的。如合肥八中有四位名字中带“劲松”的教师，“劲”这个字只有在口语中念前鼻音“jìn”，而在书面语中应该念后鼻音“jìng”，“劲松”当然应该是后鼻音，但大家都是喊“jìn 松”。即使在前、后鼻音分得很清的北方，大家遇到叫“劲松”的人，“劲”也是被喊成前鼻音“jìn”的。

还有，汉语里的字音有时将错就错，也就是讲究约定俗成了。我们生活里常说“拜拜”，读成第二声，这个字本来只有第四声，因为大家都读错，所以第二声也被收入《现代汉语大词典》。类似的情况还有“锁钥（yuè）”“独角（jiǎo）戏”等。再比如，一些多音字，某个音只在地名中读。如“蚌（bèng）埠”“六(lù)安”等。

关于多音字，还有两点需要考虑。一个是汉字简化时，采用同音字或近音字代替的方法，取消了一些汉字，造成了多音字增多的情况。另一个是我们经常说的“多音字”，其实很多属于“同形字”，也就是说，不同意思不同读音的两个字恰好长得一样，就像双胞胎，比如“行 háng 列”“行 xíng 走”“道行 heng”，是三个同形字。还有既同音又同形的字意思不同呢，比如“鲜花”和“花钱”中的“花”字，完全是两个不同的意思。

说了这么多，识字记音是不是只能死记硬背呢？不一定，建议大家这样分类记。

一、有些字是进入中学才学的，记不清，只是因为见得少，用得少。如：

媲美　娴熟　涸辙之鲋　鳞次栉比
人头攒动　功亏一篑　尸骸　箴言
盥洗　啜泣　酒馔　嗔怪　眼睑

这些字不好记，要花点工夫，但只要记住了，想忘也不容易。

二、有些字音与方言不一致，容易干扰我们的记忆。如：

颈项　气氛　刀把儿　脊梁
发酵　逮捕　教诲　不屑一顾
对称　匀称　称职

记住这些字的最好方法是大声读几遍，要重读，重读是为了改变习惯记忆，纠正一下舌头，这样更容易记得久。

三、有的字我们要有原则地记，这个原则是无论何时何地，它只有一个读音。如:

1.“笨拙”“拙劣”“拙作”“勤能补拙”“弄巧成拙”中的“拙”都读第一声。

2.“潜水”“潜台词”“潜意识”“潜移默化”中的“潜”都读第二声。

3.“档案”中的“档”“徇私枉法”中的“徇”“叱咤风云”中的“咤”等都读第四声。

4.“作揖”中的“揖”、“开门揖盗”中的“揖”都读 yī；“庇护”“庇佑”中的“庇”都读 bì；“绽放”“破绽”“皮开肉绽”中的“绽”都读 zhàn。

这些字原来也是有多个读音的，后来国家在文字整理过程中统一为一个读音。

四、有些多音字的字音是按词性区分的，记时要注意。如：

1. 泊，作名词读“pō”，如“血泊”“湖泊”；作动词读 bó，如“停泊”“泊船瓜洲”“枫桥夜泊”。

2. 处，作名词读“chù”，如“处所”“处处”“总务处”“处长”“大处着眼”；作动词读“chǔ”，如“处乱不惊”“处分”“处决”“处心积虑”“处女地”“处之泰然”。

3. 纤，作名词读“qiàn”，如“纤绳”“纤夫”；形容词读“xiān”，如“纤体”“纤细”“纤维”“纤弱”。

五、有些多音字的字音要注意口语与书面语的区别。如：

1. 露，在书面语中读“lù”，如“露骨”“露天”“原形毕露”“崭露头角”；口语中读“lòu”，如“露底”“露脸”“露一手”“露马脚”。

2. 塞，读“sè”音时与“sāi”完全同义，这个音用于以下几个词：“堵塞”“阻塞”“搪塞”“敷衍塞责”“闭目塞听”。

如果不能区分口语和书面语，我教大

家两个简单的方法：一般来说，很多字作口语是可以加儿化的，比如“露底”和“露脸”在口语中读时应读成“露底儿”“露脸儿”；而在书面语中则不行。另外，口语词是可以拆分的，比如可以说“露了底”“露他一手”“露出了马脚”，但书面语一般不行，不能说“露了骨”“露了天”。

当然，还有一些特殊情况，很多字的读音由于长时间地流传，形成了约定俗成的分工。如“嚼”，在“细嚼慢咽”“咬文嚼字”“味同嚼”蜡中读“jiáo”；在“咀嚼”“过屠门而大嚼”中读“jué”。

六、还有些多音字的读音归纳一下，记起来就方便多了。

1.“晕车”“晕船”“晕飞机”中的“晕”都读第四声“yùn”；“载人”“载物”“载重量”中的“载”都读第四声 zài。

2.“当”，在“门当户对”“首当其冲”“螳臂当车”“锐不可当”“独当一面”“一夫当关”中读“dāng”。

3.“量”，在“量体裁衣”“量入为出”“量才录用”“度德量力”中读“liàng”。

4. 常考且易错且读第一声的字音：“气氛”“笨拙”“绯闻”“剔牙”“沏茶”。

5. 常考且易错且与疾病有关的字音：“痉挛”“梗塞”“重听”“冠心病”。

七、定出区分标准，可以不至于让记忆总是在两个音间徘徊。

1. 以少记多标准。如“栖”，除“栖栖不安”读“xī ”音，其余均读“qī ”音，如“两栖动物”“栖息”“栖止”“三栖明星”。

2. 字的来源标准。如“卡”，凡是音译词都读 kǎ，如“卡车”“卡片”“卡通”等，除此之外读 qiǎ，如“关卡”“哨卡”“发卡”。

常考字音

200个常考字音的词语

1	谙熟	2	拗断	3	参差不齐	8	剥皮	5	复辟	6	针砭
7	屏气	8	剥削	9	停泊	10	嘈杂	11	刹那	12	徜徉
13	绰起	14	鞭笞	15	不啻	16	创伤	17	凄怆	18	宽绰
19	皴裂	20	恫吓	21	胴体	22	句读	23	氽水	24	果脯
25	誊写	26	商贾	27	桎梏	28	皈依	29	刽子手	30	巷道
31	贝壳	32	地壳	33	上颌	34	豢养	35	浑浊	36	觊觎
37	夹道	38	信笺	39	渐染	40	反诘	41	攻讦	42	粳米
43	狙击	44	角色	45	诡谲	46	矍铄	47	倥偬	48	岿然
49	傀儡	50	书声琅琅	51	落色	52	羸弱	53	潋滟	54	果实累累
55	罪行累累	56	入殓	57	棕榈	58	耄耋	59	酩酊	60	模样
61	拘泥	62	忸怩	63	驽马	64	滂沱	65	炮烙	66	胚胎
67	毗邻	68	栖息	69	颀长	70	绮丽	71	悭吝	72	掮客
73	衾枕	74	呱呱坠地	75	清癯	76	债券	77	衽席	78	搭讪
79	似的	80	刷白	81	吮吸	82	趿拉	83	拓本	84	叨扰
85	绿汀	86	悲恸	87	逶迤	88	圩田	89	檄文	90	狡黠
91	纤细	92	霰弹	93	叶韵	94	歆慕	95	远岫	96	奖掖
97	眩晕	98	揶揄	99	湮没	100	愠色	101	水泵	102	谮言
103	择菜	104	砧板	105	哺育	106	笨拙	107	渣滓	108	箭镞

109	熨帖	110	契约	111	锁钥	112	折耗	113	慰藉	114	弦外之音
115	蜷缩	116	款识	117	敷衍塞责	118	菜畦	119	绯闻	120	歃血为盟
121	中肯	122	监生	123	孑然一身	124	越俎代庖	125	瘙痒难耐	126	露脸
127	笑靥	128	稗官野史	129	咄咄逼人	130	倔强	131	纵横捭阖	132	煞笔
133	饿殍	134	央浼	135	甄选	136	失之东隅	137	龋齿	138	发酵
139	谂知	140	体己	141	落枕	142	沏茶	143	得鱼忘筌	144	盘桓
145	泥淖	146	吹毛求疵	147	旖旎	148	缜密	149	校对	150	物阜民生
151	弄堂	152	妊娠	153	猝死	154	斡旋	155	对弈	156	苦心孤诣
157	险隘	158	震古烁今	159	锱铢必较	160	整饬	161	执拗	162	懵懂
163	含英咀华	164	岑寂	165	浑身解数	166	杜撰	167	骸骨	168	衣钵
169	因噎废食	170	祛暑	171	汤匙	172	炽热	173	舷窗	174	桅杆
175	宫闱	176	菁华	177	翘首	178	掣肘	179	箴言	180	戏谑
181	琐屑	182	罹难	183	婀娜	184	朝觐	185	愧怍	186	愆期
187	龃龉	188	田畴	189	撷取	190	缄默	191	惟妙惟肖	192	落拓不羁
193	稽首	194	关卡	195	否极泰来	196	愤懑	197	讹诈	198	咋舌
199	奢靡	200	披靡								

第二节

谐音那些事儿

汉语中有大量的谐音字，民间也流传着很多有趣的谐音故事。

据说乾隆年间，纪晓岚任兵部侍郎，和珅为礼部尚书。一天，两人应邀赴宴，不巧同坐一席。上菜时，下人不慎脚下打滑，将盘中的鸡腿掉在地上，这时蹿出一条大黄狗，叼起鸡腿就跑。和珅见此良机，问道："是狼（侍郎）是狗？"纪晓岚听出了弦外之音，答道："尾下垂为狼，上竖（尚书）是狗。"众人大笑。

汉语还有大量谐音字产生的对联，如：

海水朝朝朝朝朝朝朝落，浮云长长长长长长长消。

应该读成"海水潮/朝朝潮/朝潮朝落，浮云涨/常常涨/常涨常消"。这些字古时是可以借用的，很有妙趣。

但在汉语里有一些俗语，就是因为谐音而出现了讹传，这种讹传深入人心，被大家广为接受。探寻一下这些俗语的来源，是件有趣的事情。

最典型的就是"三个臭皮匠，顶个诸葛亮"，这句俗语的意思是说三个普通人的智慧，合起来要顶一个诸葛亮。其实，臭皮匠和诸葛亮是没有丝毫联系的，"皮匠"实际上是"裨将"的谐音讹传。"裨将"在古代是指"副将"，这句俗语的原意是指三个副将的智慧合起来能顶一个诸葛亮。后来人们把"裨将"说成了"皮匠"，这个俗语就以这种奇怪的方式流传了下来。

在民间俗语中，还有因为近音而约定俗成的。如“嫁鸡随鸡，嫁狗随狗”，这是民间流传很广的一句俗语。实际上，这一俗语原为“嫁乞随乞，嫁叟随叟”，意思是一个女人即使嫁给乞丐和老头，也要随其生活一辈子。这句俗语表明古代女子不能决定自己的命运，但也不至于“嫁鸡”或“嫁狗”。类似的还有“王八蛋”，这是民间常用的一句骂人俗语。实际上，这一俗语是“忘八端”的近音讹传。古时的“八端”指“孝、悌、忠、信、礼、义、廉、耻”，忘记了这“八端”即忘记了做人的根本。后来，被人们说着说着就变成了“王八蛋”。

方言的读音也会导致俗语的讹传。如南方某些地方，把“鞋子”读成“孩子”，所以俗语“舍不得孩子套不着狼”实为“舍不得鞋子套不到狼”的讹传。在古代，村民多穿草鞋，草鞋容易磨破，所以“舍不得鞋子打不到狼”意思是说，要打狼，就要多跑山路，草鞋就要多穿几双。后来讹传为“舍不得孩子套不住狼”，就成了拿孩子当诱饵去套狼。

在我们的俗语里，有时说“最毒妇人心”，有时又说“无毒不丈夫”，“妇人”和“丈夫”究竟谁更毒，一时说不清了。其实“无毒不丈夫”应为“无度不丈夫”，与“量小非君子”相对应，都是《古今贤文》里的名句。全句意为肚量过小的人，算不上真君子、大丈夫。不知何时，人们将“无度”讹传为“无毒”，用来表示要成就大事业就必须手段毒辣。

值得一提的是，古代诗歌、对联里也用谐音字。比如在我们熟悉的“东边日出西边雨，道是无晴却有晴”里，“晴”与“情”谐音；在“低头弄莲子，莲子清如水”里，“莲”与“怜”谐音，“怜”是“爱”的意思，“子”是“你”的意思，“莲子”就是“爱你”的意思。还有“因荷而得藕（因何而得偶）？有杏不须梅（有幸不须媒）”的佳话，亦有“狗啃河上（和尚）骨，水流东坡诗（尸）”的调侃。

第三节
字形那些事儿

汉字近十万个，常使用的不过几千个，其余都是偶尔出现。据统计，1 000 个常用字能覆盖约 92% 的书面资料，2 000 个常用字可覆盖 98% 以上。看来从数量上来说，记汉字并不比背英语单词复杂。

在古代也一样。

据统计，在《易经》《尚书》《左传》《公羊传》《论语》《孟子》等 13 部典籍中，不相同的汉字字数仅为 6 544 个。可见，古代人们常用的汉字也不过几千个。

汉字怎么来的呢？根据组合状况，可以把汉字分为两大类，一类叫独体字，一类叫合体字。

按造字法来说，独体字分为象形字和指事字两种。

象形字是由图画文字演化而来的，属表意文字。这从诸如“日”“月”“山”“水”等字的古代写法中，可以看得比较清楚。

大多数指事字是在一个象形字的基础上增减一个符号组成。比如“刃”字，是在“刀”边加上指事符号，代表刀的旁边。“本”字，是在木的底部加一横，以示其意思是树的根部。同理，“末”的本意就是树梢。

合体字，主要包括会意字和形声字两类。

会意字，是指用两个及以上的独体汉字，根据各自的含义所组合成的一个新汉字。比如，“日”和“月”在一起是“明”，“男”就是田地里的劳动力，“休”就是树旁一个人在休息，“拿”就是合上手，“掰”就是“分手”，类似的很多。

在汉字中，除了象形字、指事字和会

意字，绝大多数是形声字。我们的祖先用“形声组合”这种方法来造字，使汉字获得革命性发展，突破原来的瓶颈，产生了前所未有的生命力。

除了上述说的，还有很多通过拆分来解读的汉字，有的可能是有依据的，比如“舒”是“舍”和“予”，能放弃能给予，才舒心；有的可能比较主观，比如“主”有人解读为“每个人都是自己灵魂的国王，头长在自己身上，虽然只有一点却能主宰自己的思想”；还有些纯属戏说，比如有人解释“富”这个字，一半是灾，一半是福。难怪拆字是算命先生的传统项目。

还有拆字的对联呢。“寸土成寺，寺旁言诗，诗曰：‘明月送僧归古寺’；双木为林，林下示禁，禁云：‘斧斤以时入山林’。”

《三国演义》里杨修把曹操的“一合酥”故意错读成“一人一口酥”也是对字形进行拆分。从这个故事里，我们还可以了解当时的书写是竖着写的。

汉字的字形，说起来够写一本书的。

汉字不是死记硬背的，我在近 20 年的教学经历中，带过很多学生，也总结了一些记字形的方法。

先来测试一下，这 30 个词，看你能写出多少。

30 个常考字形的词语

1	通 dié（　　）	2	九 zhōu（　　）	3	xuān（　　）泄
4	yǔn（　　）首	5	qīng（　　）睐	6	zhèn（　　）撼
7	xiá（　　）疵	8	影 dié（　　）	9	bào（　　）发户
10	牛 pí（　　）气	11	míng（　　）信片	12	挖墙 jiǎo（　　）
13	jiàn（　　）拔弩张	14	lǒng（　　）络人心	15	坐 zhèn（　　）指挥
16	察（　　）yán 观色	17	两全 qí（　　）美	18	集思广 yì（　　）
19	各行其 shì（　　）	20	甘 bài（　　）下风	21	声名 què（　　）起
22	怨天 yóu（　　）人	23	老调重 tán（　　）	24	直 jié（　　）了当
25	暗 dù（　　）陈仓	26	bì（　　）帚自珍	27	再接再 lì（　　）
28	九 xiāo（　　）云外	29	食不 guǒ（　　）腹	30	有志者事 jìng（　　）成

你做得怎么样？

下面说几个记字形的技巧。

先说一条记字音、字形、成语等基础知识通用的一招。把弄错的整理出来，写在笔记和书的前面，或贴到墙上，让自己随时看到它们，定期（如一学期或一本书看完）把这些常错的再自测一遍，圈出依然不会的，逐步缩小范围，直至记住，久之见效。

一、知义法

最持久最清晰的记忆，是在知晓意义的基础上进行的记忆。

比如“再接再厉”中的“厉”其实是“砺”的通假，“砺”意思是磨刀石，“再接再厉”这个词语来自古代的斗鸡活动，鸡嘴啄秃了，就在磨刀石上磨，磨好了再斗。这样记就不容易忘记。再如“暴发户”，中的“暴”是“突然”的意思，类似的用法还有“暴病身亡”。

“即”和“既”左边的偏旁“艮”，指的是盛食物的器皿，右边都是“人”，不过一个是伸着嘴靠近器皿的“人”，一个是打着饱嗝转过头的“人”，前者为“即”，后者为“既”，所以“即”是“人来吃饭”，有“走近、靠近”之意；“既”是“人已吃过饭要走了”，有“已经、完了”之意。所以“既往不咎”是“既”，而“若即若离”“可望而不可即”中是“即”。

同样，知道“披沙拣金”的“拣”是“挑选”不是“拾”，就能记住写成“拣”。知道“竭泽而渔”的“渔”是个动词，“捉鱼、捕鱼”之意，就不容易写错。知道“举棋不定”，拿的是象棋子。“食不果腹”里的“果”是“充满”的意思，一个非常有意思的词“果然”，就是人吃饱后明白一个道理——果然果然。

二、想象法

虽然这在很多人看来不科学，甚至有些胡闹，但是很有效。很多人能背圆周率小数点后上千位数字，我想他很可能是用了想象法，不然一堆没有规律的数字对人的记忆肯定是个挑战。

在我初一学朱自清的《背影》时，有个同学将课文里的词语“狼藉”，中的“藉”“写成了“籍”，当时老师说，狼藉的“藉”是草字头，因为狼卧草窝舒服，卧在竹枝上就不舒服了。从那以后我就记住了。还有关于“武”字，有些同学总是喜欢多加一撇，当时老师说，真正的武士腰上是不带刀的，人家靠的是人格魅力。

三、读音法

很多字容易记错，是因为容易读错，读准了音，也就更容易记住字形，如“宣泄”“直截了当”“既往不咎”“饮鸩止渴”“杀一儆百”“一副手套”“一幅画”等。

四、典故法

有些成语的产生是有典故的。

如“班门弄斧”，是在鲁班家门口耍斧

头，别弄到“斑”马家门口了，更不要把门“搬”走了。

如“黄粱美梦”，故事中的锅里煮的是小米，所以用“粱”。

如“世外桃源”是桃花林边上溪水源头处。

典故弄清了，就不会忘记了。

五、压缩法

汉语中的很多成语是运用“互文”修辞手法造出来的，如“怨天尤人”中“怨”和“尤”一个意思，“天”和“人”相对应。借这个规律记字形很有效。

如从“山清水秀”中压缩出“清秀”，就容易看出，这个词语还运用了比拟的修辞，说山水长得“清秀”。再比如从“名门望族”中压缩出“名望”，从“沽名钓誉”中压缩出“名誉”，从“伶牙俐齿”中压缩出“伶俐”，从“惹是生非”中压缩出“是非”等。记住从这些成语中压缩出的词，成语就不会写错了。

六、归类法

和记字音一样，对词语进行归类，事半功倍。

比如“渡”，与过河有关，因此“渡河”“渡口”“过渡”都是这个字。因为古时过河风险很大，所以常以“河”喻难关，还有一个是“渡过难关”。“度”，有“过，越过”之意，比如“欢度春节”“暗度陈仓”等。

“覆”意为“翻过来”，用于以下几个词：“覆舟”“覆巢无完卵”“重蹈覆辙”“全军覆灭”。

“诀”意为由事物主要内容编成的顺口押韵的、容易记忆的词句。用于“口诀”“歌诀”“秘诀”“永诀”“诀别”这几个词。

这种归纳，常做，效果才好。

七、比较法

找到分类点，在比较中思考，在思考中牢记，这样一下能记很多相关的词。

比如，和天空有关的是雨字头的“霄”，如“九霄”“云霄”等；和夜晚有关的是宝盖头的“宵”，“元宵”“宵夜”等。下雨了，淋湿了小鹿则为“湿漉漉”；饿了，肚子里过大车则为“饥肠辘辘”。

比如“州”和“洲”，前者是行政区域单位，后者是水中的陆地。你只要一想，中国城市名基本上都是“州”，如“广州”“郑州”“池州”“滁州”。用“洲”的，我能想到只有“株洲”和“满洲里”。

其他如“好高骛远”的“骛”是“追求”，一马当先；“趋之若鹜”的“鹜”是野鸭子，伸着头，嘎嘎嘎，哪里人多往哪冲。

“耽误”事的往往是因为充耳不闻；“虎视眈眈”的一定是瞪大了双眼。

怎样有效识记字形

200个常考字形的词语

1	安装	2	安详	3	松弛	4	安分	5	精粹	6	妨碍
7	辐射	8	气概	9	粗犷	10	濒临	11	偌大	12	凑合
13	竣工	14	针砭	15	瞭望	16	杀戮	17	痉挛	18	遴选
19	沉湎	20	平添	21	范畴	22	青睐	23	发轫	24	追溯
25	鞭挞	26	仓皇	27	赃款	28	旋律	29	装帧	30	赝品
31	编纂	32	讴歌	33	缜密	34	贸然	35	涵养	36	姑息
37	参与	38	脉搏	39	震撼	40	慈祥	41	九霄	42	宵禁
43	宣泄	44	坐镇	45	九州	46	通缉	47	荟萃	48	通牒
49	喋血	50	间谍	51	影碟	52	厮守	53	厮杀	54	涣散
55	寒暄	56	鬼祟	57	磋商	58	荣膺	59	蝉联	60	陨石
61	联袂	62	焕发	63	瑕疵	64	秘诀	65	沿袭	66	诀窍
67	剽悍	68	怠慢	69	喝彩	70	渎职	71	融洽	72	更迭
73	捅娄子	74	暴发户	75	牛脾气	76	哈密瓜	77	度假村	78	候车室
79	挖墙脚	80	大拇指	81	攻坚战	82	老两口	83	天然气	84	节骨眼
85	协奏曲	86	一炷香	87	水龙头	88	绊脚石	89	明信片	90	舶来品
91	入场券	92	瘙痒病	93	霓虹灯	94	雄赳赳	95	川流不息	96	一筹莫展
97	天翻地覆	98	言简意赅	99	一鼓作气	100	悬梁刺股	101	关怀备至	102	迫不及待

103	一如既往	104	草菅人命	105	矫揉造作	106	旁征博引	107	一诺千金	108	不胫而走
109	不落窠臼	110	脍炙人口	111	作壁上观	112	鼎力相助	113	再接再厉	114	美轮美奂
115	蛛丝马迹	116	萎靡不振	117	自暴自弃	118	甘拜下风	119	插科打诨	120	食不果腹
121	黄粱美梦	122	墨守成规	123	呕心沥血	124	罄竹难书	125	声名鹊起	126	人情世故
127	家喻户晓	128	走投无路	129	趋之若鹜	130	不能自已	131	饮鸩止渴	132	恣意妄为
133	剑拔弩张	134	笼络人心	135	察言观色	136	出人头地	137	两全其美	138	集思广益
139	准备就绪	140	各行其是	141	怨天尤人	142	溘然长逝	143	老调重弹	144	直截了当
145	暗度陈仓	146	良辰美景	147	敝帚自珍	148	珠联璧合	149	变本加厉	150	殒身不恤
151	别出心裁	152	若即若离	153	披沙拣金	154	竭泽而渔	155	举棋不定	156	融会贯通
157	要言不烦	158	哄堂大笑	159	金碧辉煌	160	杀一儆百	161	班门弄斧	162	世外桃源
163	名门望族	164	沽名钓誉	165	惹是生非	166	山清水秀	167	提心吊胆	168	纷至沓来
169	一张一弛	170	推心置腹	171	重蹈覆辙	172	亦步亦趋	173	饥肠辘辘	174	好高骛远
175	虎视眈眈	176	轻歌曼舞	177	赔礼道歉	178	得陇望蜀	179	暴殄天物	180	瑕不掩瑜
181	委曲求全	182	礼尚往来	183	丰功伟绩	184	釜底抽薪	185	远大抱负	186	休养生息
187	蜂拥而至	188	锱铢必较	189	长年累月	190	民生凋敝	191	金榜题名	192	修葺房屋
193	老奸巨猾	194	如愿以偿	195	掉以轻心	196	水泄不通	197	和盘托出	198	理屈词穷
199	流连忘返	200	水火不容								

第四节

病句那些事儿

中国古代汉语中是没有语法的，至少没有成体系的语法理论，有些古文翻译成现代汉语就是典型的病句。如柳宗元《小石潭记》里的“潭中鱼可百许条”，翻译过来就是“潭中的鱼大约有一百来条”，按照现代汉语的标准，这就是一个病句，犯了“重复多余”的毛病，因为表示估计的“大约”和“来”重复。

直到清朝末年，马建忠借用西方的语法编著了一本《马氏文通》，才初步奠定了现代汉语的语法体系。20 世纪末，“淡化语法”提法大行教育界。现在，用西方的语法来套汉语，还是有很多咬合不了的现象。之所以出现不匹配的情况，总体来说，还是不同文化导致的。

中国语言比较灵活，西方语言则原则性很强。

比如汉语中用“着、了、过”三个动态助词，就能解决所有的时态问题，如“吃着呢”表示现在进行时，“吃了”就是过去时。更多时候，我们根本连助词都不用。“干吗呢？”“吃饭呢。”这就是现在进行时。

汉语的时态是靠“悟”的。汉语的语意也是靠“悟”的。而且很多“悟”，到了匪夷所思的地步。如“中国队大胜美国队”，中国队赢了；“中国队大败美国队”，还是中国队赢了。

“差点没迟到”，是没迟到；“差点迟

到了”，还是没迟到。

中国乒乓球队是“谁也打不过”，中国足球队是“谁也打不过”。完全相反的意思，一字不差。

男女约会，女孩对男孩说：“要是你到了，我还没到，你就等着吧；要是我到了，你还没到，你就等着吧。”完全相同的表述，意思却大相径庭。

相应的，因为中国人“悟”的能力强，汉语的语法也是非常随意的，如“车子没锁”里的“锁”既可以作名词，也可以作动词，而句子的其他部分不需要做任何变化。“购物满千元，赠送雨伞一把”，这“赠送”也不分施动和受动。人称也不分主格、宾格等各种格。

疑问语气词也不用统一放在句首，把句子变成疑问形式，基本上语序不用做任何调整，直接在末尾加个问号就行了。拿现代汉语语法来套古代汉语，更是“狗血”。语文老师不得不天天争论“臣之壮也，犹不如人”中的“之”字是不是主谓之间，取消句子独立性。

当然，汉语还是有一定规则的。不然，高考病句题，还怎么考呢？只不过有些规则是隐性的、变化的、约定的。于是问题就来了，因为规则不是显性的、稳定的，争议就免不了了。一个语文杂志的读者群，为了一个高考病句，断断续续争论了三天。我们来看看这个病句：

“父亲住院期间，梅兰每天晚上都陪伴在他身旁，听他讲述一生中经历的种种苦难和幸福，她就算再忙再累，也不例外。”

争议的焦点是这个句子属不属于“偷换主语”。支持者认为前面的主语是“父亲”，后面“住院期间”是状语，后一句却又来了另外一个主语“梅兰”，所以偷换了主语。

另一方认为，“父亲住院期间”就是一个状语，句子主语就是“梅兰”，没什么偷换问题。

大家看，关于这个题的争议，可以这样看：

坚持认为主语偷换的，是从严格的显性的语法出发的。“父亲”就是主语，“住院期间”就是状语。而后面一种看法，是考虑到了汉语的约定，认为“父亲住院期间”等同于“在父亲住院期间”，就是句前省略了“在”，“父亲住院”作为一个主谓短语，在这里作“期间”的限制性定语，而这整个短语，就是一个时间状语，所以整个句子的主语是“梅兰”，没有问题。我们来举例看一下：

1. 父亲住院期间仍坚持看报。（“住院期间”是状语）

2. 父亲住院期间，母亲每天去送饭。（“父亲住院期间”是状语）

一般来说，前一种比较好理解；后一种，很多人就觉得不合适。但后一种情况还是不少的，比如：

1. 文件传达后，大家认真学习。

2. 十九大召开期间，社会治安良好。

归根结底，这是汉语语法特点与西方语法的不同造成的。汉语语法弹性大，灵活多变。前面我们提到的病句也遵循着约定俗成、积非成是原则，也就是说如果大家都那么说，即使是错的，也不再视为病句。

我们语言中就有很多奇怪的说法，而我们已经约定为正确，习以为常了。

比如说救人、救急，都说得通，但还有救火的说法，就很奇怪。

你要到某地，妈妈不允许，你就说：“我非去！”“非去”理应是“不去”，“不去”喊那么大声干吗呢？

歌词中病句也很常见。

“我料你现在很受伤”“很”是副词，“受伤”是动词，能在一起用吗？

“我的老家，就住在这个屯儿。”“老家”可以“住”吗？

“我看见一座座山，一座座山川。”“川”即河流，能用“一座座”吗？

“村里有个姑娘叫小芳，长得好看又善良。”长得能“善良”吗？

病句可以分成语法上和语意上的两种。

语意上的病句，就是不合生活逻辑或容易让人产生歧义。

如，“我吃饭”很好理解，但说“我吃碗”，就让人费解。“八百多人，几千条胳膊，同暴雨洪水斗争了一天一夜”，这句很让人惊悚。这是不合生活逻辑。

如，“饭不热了”，饭究竟是已经凉了呢，还是不需要加热了呢？这是歧义。

当然，随着时代的发展，有些病句也有可能发生变化。

有一次在饭桌上，听到一个小孩对着一道名为“掌中宝”的菜喊“我要吃碗”，那装“掌中宝”的碗是用面做的，那个“碗”是可以吃的。

120 年前，你要是说“我下午飞到上海”，人家可能以为你神经有问题——你是鸟么？但现在说这话，一点也不觉得奇怪。

所以，“坦克在天上飞”也许以后就不是病句了。

病句，要记住这几条。

第五节

暗示那些事儿

什么叫“暗示”，举个例子说。

幼儿园的小孩会当着全班小朋友的面喊：“老师，我要尿尿。”到高中了，没一个同学会这样做。大部分人会用手指一下厕所方向，或小声说“老师，我出去一下”“去一下洗手间”，这“出去一下”和“去洗手间”就是“暗示”。

文学评论上有个说法，叫“艺术的再创造”，或者叫“艺术接受美学”。

许多暗示是我们读者解读出来的，语言本身不一定有这个意思。比如阎肃写的歌《雾里看花》，歌词有“雾里看花，水中望月，谁能分辨这摇曳多姿的季节”，很多人听了这首歌，认为作者写的是一首朦胧的情歌，实际上他是为1992年“3·15晚会”写的主题曲，写分不清真货假货。

以前的教材上有一个例子，说火葬场门口有标语“经济搞上去，人口降下来”，这本来是当年的中国国策，但写在火葬场门口就难免让人产生想象，似乎这话里有话，有暗示。

在交际中懂得暗示的作用，就会让人舒适，使交流自然，很多人说话特别注意这一点。

十几年前，我和一个朋友去找位领导。那领导和我的朋友认识，不认识我，我的朋友又高又瘦又戴眼镜，和我长得很像。那位领导问我的朋友：“这是你亲弟弟？”

我的朋友的回答让我印象深刻。他先笑笑，然后说“跟亲弟弟一样”。这句话既委婉地表明了我们俩的关系非同一般，又明确地表明了我们俩不是亲兄弟。

暗示在中国古诗里有独特的表现，比如写隐者的诗，绝大多数诗里的隐者都是不出现的，诗人只是写写隐者居住环境，山、水、周围植物等，却把人物的形象呈现在我们读者面前，这是很妙的语言境界。

古代还有很多运用诗的暗示来交流的生动故事。最有名的大概是朱庆馀的《近试上张水部》：

洞房昨夜停红烛，待晓堂前拜舅姑。
妆罢低声问夫婿，画眉深浅入时无？

这是朱庆馀在临考前，怕自己的作品不合主考官张籍的要求，因而小心翼翼地作诗询问。换一副笔墨，用新妇梳妆打扮后，含羞征求丈夫的意见来作比，含而不露，耐人寻味。即使撇开本意，仅仅作为一首“闺意”诗来看，也是很有意境的。

朱庆馀呈献的这首诗获得了张籍明确的答复。在《酬朱庆馀》中，他写道：“越女新妆出镜心，自知明艳更沉吟。齐纨未足时人贵，一曲菱歌敌万金。”把朱庆馀比作越地的采菱女，不仅长得艳丽动人，而且有绝妙的歌喉，这是身着贵重丝绸的其他越女所不能比肩的。张籍还有揶揄的味道，“自知明艳更沉吟”——你明知自己水平高，还来问我。

一般考生大概很难受到主考官这么好的礼遇。不过朱庆馀还真是了解张籍，张籍就爱这口儿。张籍有一首很有名的诗《节妇吟》：

君知妾有夫，赠妾双明珠。
感君缠绵意，系在红罗襦。
妾家高楼连苑起，良人执戟明光里。
知君用心如日月，事夫誓拟同生死。
还君明珠双泪垂，恨不相逢未嫁时。

这首诗是什么意思呢？字面上看就是一个已婚妇女拒绝一个男人的追求。实际上，原来有一个叫李师道的人请张籍参加他的幕僚，张籍反对搞藩镇割据，于是写了这首诗表示委婉拒绝——我已经参加了别人的幕僚，不能参加你的了。

不在诗中正面直说，通过暗示手法来表现，则显得雅致大方，更加得体。

第六节

比喻那些事儿

无论是书面表达，还是口语交流，恰当的比喻往往能让听者对某物特征印象更深刻，还能增强说话的生动性。如形容一帮人伸着头认真听某人讲什么，就说“头伸得像小燕子一样”，如果你见过燕窝里排成一排头伸出窝边的小燕子，就会觉得没有比这更形象的说法了。

目前学生在课堂学来的比喻，分为明喻、暗喻和借喻。

明喻就是有本体、有喻体、有比喻词，比如“月亮像金黄色的大圆盘”，“月亮”即本体，“金黄色的大圆盘”即喻体，“像”即比喻词。

暗喻就是有本体和喻体，但没有比喻词，比喻词常用“是”“成为”等词来呈现。比如“这里成了花的海洋”。本体是众多的花，喻体是海洋，没有出现“像”“仿佛”一类的比喻词。

借喻就是既没本体又没比喻词，直接出现喻体。比如，“金黄色的大圆盘高挂在空中”。“金黄色的大圆盘”就是喻体，但这有个前提，就是本体一定是大众很容易明确的。

这种分类方法主要是从比喻的要素的构成来分的。

如果从本体和喻体特征的比较上来分，也可以分为三种：同比、异比和同异比。这是多数中学生不太在意的。

同比就是找共同点，如“鹅毛般的大雪”，因为鹅毛和大雪在颜色、动态特性等方面有共同点，都是白的、轻的，而且鹅毛一般比雪大，这种比喻也突出了“大雪”之“大”。

异比就是找不同点，“桃花潭水深千尺，不及汪伦送我情”。当然这里面也是有同的，就是桃花潭水和汪伦送我的情都是很深的，只不过是喻体比不上本体。

同异比就是同中有异，异中有同。比如“遥知不是雪，为有暗香来”。颜色是相同的，不同的是一个有香味，一个没香味。表面上是找不同，其实还是因为有“同”才比的。

还有三种比喻的类型，是我们语文课上不常讲的，但在阅读中或生活中很常见：对喻、类喻和博喻。

对喻类似于古时的“比兴”，“先咏他物，以引起所咏之物”，即古人所说的“先比后证，上下相符”，喻体和本体多为对偶形式，分开来写。大多数喻体在前，本体在后，如“一个篱笆三个桩，一个好汉三个帮”“路遥知马力，日久见人心”等。

类喻多为两个或两个以上本体和喻体。本体和喻体往往是同一类，但特征上形成对比。比如“君子之交淡如水，小人之交甘若醴”“如果说长江是人体的主动脉的话，这南广河充其量也只是一根小小的毛细血管”“人主之尊譬如堂，群臣如陛，众庶如地”等。这种比喻便于比较，突出特征的不同。

博喻是有一个本体，多个喻体。用多个喻体来比喻本体一个方面或多个方面的特征，既突出特征，又使语言有气势。比如：

一株巨大的白丁香把花开在了屋顶的灰色的瓦瓴上。如雪，如玉，如飞溅的浪花。（王蒙《春之声》）

层层的叶子中间，零星地点缀着些白花，有袅娜地开着的，有羞涩地打着朵儿的；正如一粒粒的明珠，又如碧天里的星星，又如刚出浴的美人。（朱自清《荷塘月色》）

比喻是不同的事物间的比方。如果是相同的事物，就不能叫比喻。比喻大多是要形似的。与象征不同，象征是要追求神似的，茅盾当年写《白杨礼赞》，当然不是写北方人长得像白杨树一样，而是写北方人的精神像白杨树，所以叫“神似”，也就是象征。当然这种形似，也可以是某一方面的特征上的形似 。记得以前有本小说里写“破电话亭像泰坦尼克号一样在漏水”。电话亭当然和船没有多少相似处，但取其“漏水”这一点特征的相似，而且在当年电影正火的时候，这明显起到一种沟通读者体验的效果。

比喻是有感情的，同样说人脸红，说像红苹果一样，是可爱的；说像酱肉一样，是可恶的。同样说人皮肤白，说像剥了皮的鸡蛋一样，是让人羡慕的，怜爱的；说像刷了几层墙灰一样，便带有几分调侃讽刺了。

比喻是要引发人联想的。如果仅仅表现出特征还不是好的比喻。“问君能有几多愁，恰似一江春水向东流”之所以让人过目难忘，可能不仅仅是春水之多表现出愁绪之重，更重要的是一刻不停息的流动感，引发了人们对主人公心中挥之不去、连绵不断的思绪的同情，所以才那么生动。同样是比喻纷飞的白雪，“未若柳絮因风起”比“撒盐空中差可拟”要好，不仅因为“柳絮”比“盐”更能表现“雪”轻柔飞扬的特点；而且“柳絮”所引发的联想更真实，空间感更强，而“撒盐”这样一个刻意的有限空间的非自然现象就逊色很多。

还有，比喻和打比喻的人的身份和性格也有关。“醉里插花花莫笑，可怜春似人将老”“莫道不消魂，帘卷西风，人比黄花瘦”等比喻，出现在李清照的词里是非常巧妙的，如果出现在岳飞的词里，恐怕就不妥当了。

对比喻的欣赏，还涉及个人的生活体验。人在生病时对“病来如山倒，病去如抽丝”可能感受更真切。煎过鸡蛋的人，理解“内心如油煎一样”会更容易。张爱玲说“生命是一袭华美的袍，爬满了蚤”，没有见过“蚤”的人，或不曾有过外表光艳无比、内心伤痕累累感受的人，可能体会不到。

第七节
起兴那些事儿

我以前偶尔在同事婚礼现场发言时，比较喜欢先故作正经地说这样一句：“金秋十月，丹桂飘香，凤凰成对，鸳鸯成双……”，然后再打趣、热场子，我前面说的这句“凤凰”“鸳鸯”的说辞，就是汉语中常见的“起兴”手法。定义是“先言他物，以引起所咏之物”。

起兴是《诗经》的常用手法，在“关关雎鸠，在河之洲；窈窕淑女，君子好逑”中，作者先说雎鸠在一起，再说自己想找个淑女在一起，两相映衬，这样能更形象、更充分地表达自己的意愿。

这种手法，在后来的诗文里多有延续。如汉乐府《长歌行》里的“百川东到海，何时复西归？少壮不努力，老大徒伤悲！”刘禹锡《陋室铭》里的“山不在高，有仙则名；水不在深，有龙则灵。斯是陋室，惟吾德馨”。

现代的歌词里也常有这样的手法，如《敖包相会》里的“十五的月亮升上了天空哪，为什么旁边没有云彩？我等待着美丽的姑娘呀，你为什么还不到来哟嗬？”简单的理解就是“月亮旁边没有云彩，我身边没有美丽的姑娘”，在自然界里找到和自己境况相似的物体或事件，就更能突出表达改变这种境况的意愿。

汉语里还有许多使用起兴手法的俗语，它们大多是人们对生活中经验的总结，或哲理性的思考。如“树老根多，人老话多”“路遥知马力，日久见人心”“一个篱笆三个桩，一个好汉三个帮”“良药苦口利于病，忠言逆耳利于行”“画虎画皮难画骨，知人知面不知心”“十年树木，百年树人”“力轻莫负重，人微莫劝人”等，从语意上来说，句子中两个分句不是平等的，重点在后一句，前一句是为后一句服务的。还有很多两个分句是倒过来的。如“人不可貌相，海水不可斗量”“人要脸，树要皮”等，这多是为了达到仄起平收的效果，也就是上句的最后一个字是仄声，下句的最后一个字是平声。

第八节

标点符号那些事儿

有一年高考监考语文考试，看到一个学生在快交卷时，还在用铅笔一个一个地数着作文字数。我就知道他还不知道高考中标点符号也算字数这回事。其实空格也算字，写到标着 800 字那一行，就算是 800 字了，这就是作文用格子纸的一个原因。

据说，标点符号算字数是鲁迅先生给争取来的。他给某编辑部撰稿，某编辑部只算字不算标点，鲁迅先生就给某编辑部写了一篇没标点符号又不分段的文章，编辑回信请他标标点符号，他说那就要付标点符号的钱，人家只好同意了。不知这事是真是假，但标点符号也算字数，后来就成为习惯了。

中国古时候写文章是没有标点符号的，也不分段，读起来很费劲。到了汉朝才发明了“句读”符号。语意完整的一小段为“句”；句中语意未完，语气可停顿的一段为“读”。古代私塾里的“习其句读”，就是分清大停顿、小停顿。宋朝开始用“。”“，”两个符号来表示句读，这算是我国最早的标点符号。

我国正式的标点符号出现于 1919 年，是在我国原有标点符号的基础上，参考各国通用的标点符号制定的，当时制定出了 12 种符号。新中国成立后，进一步总结了标点符号的用法规律，1951 年发布了《标点符号用法》，标点符号趋于完善，有了统一的用法；1990年和2012年，又分别对标点符号及其用法作了新的规定和说明。

标点符号分为“标号”和“点号”两种。

“标号”是书名号、括号、引号之类；

“点号”是逗号、分号、句号、问号之类。

现在高考不专门考标点符号了，导致很多学生对标点符号的用法也不是特别清楚。当然，标点符号的运用也不是绝对的，有两可的情况，遵循使表达更清晰的原则。有时，还和说话者的性格、气质及表达习惯有关。记得上海师范大学的王荣生教授举过一个例子，“亲爱的，你放在冰箱里的那串葡萄我吃了”这个留言条，如果加几个逗号断成“亲爱的，你，放在冰箱里的，那串葡萄，我，吃了”，这就是一首诗。顺便说一下，“亲爱的”后面，加逗号是可以的，加个冒号也是可以的，这就是刚才说的两可的情况。

不过，以下十个方面的标点常识还是要了解的。

1.标有引号或书名号的并列成分之间，通常不用顿号。若有其他成分插入，宜用顿号。

例：“伟大”“壮烈”“崇高”都是形容词。

在中国现代文学史上，《子夜》（茅盾）、《骆驼祥子》（老舍）、《倪焕之》（叶圣陶），都是著名的现实主义作品。

2.不出现逗号就绝不能出现分号。也就是说并列的短语或分句之间不能直接用分号。

例：睡前三忌：一忌恼怒，二忌饱食，饱食会增加胃负担，三忌卧处当风。

3.并列词语或短语间用顿号，有两层并列的，较高一层改为逗号。

例：我上街买了蔬菜、肉、麻油。

我上街买了萝卜、白菜等蔬菜，肉，麻油。

4.有疑问词的陈述句句末不能用问号。

例：我不知道他为什么没来。

5.倒装句的问号或感叹号放在句末。

例：吃过饭了吗，你？

6.完全引用时句号在引号内，非完全引用在引号外。

例：他说：“好。”

大家都称他为“才子”。

尼采说：“上帝死了。”

尼采的哲学观集中体现在他所说的“上帝死了”。

7.“等”和省略号不能连用。“等”有两个功能：省略和列举。

例：中国的直辖市有北京、上海、天津、重庆等。

这个例子中，虽然已经列举完了，还是要加个“等”，就像看新闻联播，把常委的名字都念完了还要加个“等”一样。

8. 冒号有领起下文和总括上文两种功能，看一个总括上文的例子。

例：张华考上了北京大学，在化学学院学习；李萍进了中等技术学校，读机械制造专业；我在百货公司当售货员：我们都有光明的前途。

9. 主题、栏目名等不能用书名号。书名号只能用于书、报、戏曲、课题等。

例：今年的“心连心”活动拉开帷幕。

10. 引号、括号、书名号等标号，前一半不能出现在一行末尾，后一半不能出现在一行开头。

我	的	一	个	朋	友	说：
“	我	想	买	鲁	迅	的
《呐	喊	》	和	《	彷	徨》。”

一定要知道的标点常识（上）

附

判断标点符号运用的对错

1. 每个人心里，都有一方魂牵梦萦的土地。（　）
2. 她是从四叔家出去就成了乞丐呢，还是到卫老婆子家后再成乞丐的呢？（　）
3. 曹邺（816-?），晚唐诗人，字邺之，阳朔人。（　）
4. 你放着吧，祥林嫂！（　）
5. 我哪里比得上她呢！（　）

6. 我记得，那时她还是个不懂事的小姑娘。 （ ）

7. 眨眼间，狂风裹挟着暴雨就呼啸着来到了眼前。 （ ）

8. 清华大学，中国的最高学府，是学子们向往的地方。 （ ）

9. 这天山上有的是成群的野羊、草鹿、野牛和野骆驼。 （ ）

10. 大地春回，到处莺歌燕舞、桃红柳绿、水碧山青，一派生机盎然的景象。 （ ）

11. 何谓名著？一、名著是通俗的。二、名著是不会因时代的变迁而被遗忘的。三、名著言近旨远。四、名著是富有启发和教育性的。五、名著论及人类长期悬而未决的问题。（ ）

12. 这种作风，拿来律己，则害了自己；拿来教人，则害了别人。 （ ）

13. 年满１８周岁的公民，不分民族、种族、性别、职业、家庭出身、宗教信仰、教育程度，都有选举权和被选举权；但是依照法律被剥夺政治权利的人除外。 （ ）

14. 晴空万里，阳光普照，微风和煦：真是难得的好天气。 （ ）

15. 纺线有几种姿势：可以坐着蒲团纺，可以坐着矮凳纺，也可以站着纺。 （ ）

16. 李白诗句“白发三千丈”用了夸张的修辞手法。 （ ）

17. 面对老师的表扬，我们只能“酷爱”学习了。 （ ）

18. 中国猿人（全名为“中国猿人北京种”或简称“北京猿人”）在我国的发现，是对古人类学的一个重大贡献。 （ ）

19. 我就是这样一个“好”老头。（大笑） （ ）

20. 镰刀的弧光闪过，庄稼留下矮小尖利的根茬——这就是丰收。 （ ）

21. 我本来不想去，可是俺婆婆非叫我去看看他——有什么看头呀！ （ ）

22. 这句话像一道命令，人们都站起来了，一个，两个，三个…… （ ）

23. 她磕磕巴巴地说：“可是……太太……我不知道……你一定是认错了。” （ ）

24. 高中语文教材收入了《〈呐喊〉自序》一文。 （ ）

25. 诗中记述的这场战争究竟是真实的历史描述？还是诗人的虚构？ （ ）

26. “到底去不去呀？我的小祖宗！”妈妈“咚咚”敲门，“都在等你呢？” （ ）

27. 你什么时候去北京，和谁一起去，坐哪一趟车？ （ ）

28. 看游记最难弄清的就是方向，前啊、后啊、左啊、右啊，看半天不明白。 （ ）

29. 今年的这个工程，任务重、工程难、规模大。 （ ）

30. 对岸三、四里外是浅山，好似细浪微波，线条柔和。 （ ）

31. 这台晚会由省委宣传部、文化厅主办、凤凰光学仪器公司协办。 （ ）

32. 打陀螺讲究技巧：力小了，转不起来，力大了，容易“栽跟头”。 （ ）

33. 艾滋病有在个传播途径：血液传播、性传播和母婴传播，日常接触是不会染上的。（　）
34. “学习就怕‘认真’二字，”张老师说：“‘态度决定一切’，要记住这句话。”（　）
35. 这件事，班主任对他一说：他就立即认识到自己的问题。（　）
36. 小姑娘告诉我：“她家就在附近，每天早上她都会来看月亮湾”。（　）
37. 天地之美，在风景名胜，也在“溪头荠菜花。”（　）
38. 耿大妈对儿子说：“大成，见人该问好就问好，俗话说‘礼多人不怪嘛’”。（　）
39. 这里所谓的文，并不是指文字，而是指文采。（　）
40. 夏令营安排营员参观了李鸿章故居（晚清名臣，洋务运动的主要领导人之一）。（　）

第九节

起名那些事儿

因为我是语文教师，所以偶有人找我给孩子起名或改名；也因为我是语文教师，我便常关注人的名字，思考一些相关问题。

在我国历史上，魏晋以前多是两个字，像我们熟悉的三国人物，刘备、曹操、张飞、关羽、鲁肃、周瑜等。魏晋及以后多为三个字。我曾带过三位姓名是四个字的学生，一位叫“林代潇潇”，一位叫“王钱枝子”，一位叫“陶许应楠”。大家一看就知道，她们都不是复姓，是父母都割舍不下和女儿的关系才这么起的。仔细想想，如果去掉一个字，分别叫“林代潇”“王钱枝”“陶许应”，确实少了几分味道。

一个人的名字是这个世界上最美丽的语言。“名不正，则言不顺。”上课时我和学生说古时好多女子是没有名字的，学生觉得很诧异。在我小的时候，村里也有不上学女孩子一直被称作“大妮”“二妮”“黑妞”的。这通常是她们的小名或乳名；上学以后就取一个正式的名，叫“学名”或“训名”。小名讲究贱，名贱好养活，如狗蛋、铁柱、石头；大名，姓一般随父亲，第二个字是辈分，第三个字才是“正名”。我的名字是有点奇怪，好多人以为我是学文人起笔名，其实我是“从”字辈的，“良”是我的正名。

名字是有时代性的。在新中国成立初期，叫王解放、赵建国、孙国庆、李红军、赵向阳、张卫红、庞中华、彭友苏等名字的时代痕迹明显。而在和平年代，求健康、富贵、平安、高禄、长寿、吉祥之时，人的名字里多有“健、康、富、平、安、禄、寿、瑞、祥”等。

以前的名字，性别色彩很明显。男生多为“雄、强、伟、威、宏、刚、磊、勇、岩”等，女生多为”梅、艳、芳、丽、凤、婷”等。现如今，时代发展了，起名的观念也变了，名字的性别特征就不那么明显了，有时因为想当然地认为某些字和性别有关，还闹过笑话。

中国人口众多，起名又要受到相关姓氏、观念等影响，所以中国人重姓重名的特别多。记得几年前，四川一个叫刘德华的人以自己的名字注册了一个商标，后来被香港歌星刘德华要求注销了。据说，中国大陆现在叫刘德华的人有 16 000 多人。而像王磊、刘畅、刘刚、李欣等重名的更是不胜枚举。而现在的小孩名字中男孩用“浩宇”的，女孩用“欣怡”的，还有男女孩都用“子涵”等，也有些泛滥。如今起名字呈现多元化，也有不少人为了避开重名，或追求某种特殊意蕴，用一些不常见的字起名。我教过的学生就有叫雷赟、朱子亓、夏巽鹏、王彧扬的，我还听过我的学生谈起他们的同学叫黄汪旸、高珺珩、姚钧锎、朱珣、程罡的。有些字是书面语字，有寓意，但如果不常见，一般人不认得，有时会带来不便。事实证明，名字有生僻字的，在课堂上（至少在一开始）被老师提问的几率就小一些。

因为汉语有大量同音字，所以不得不考虑谐音问题。谐音是把双刃剑，起好了，响亮上口好记。我听过有叫“赵全球”“顾大局”“关天夏” 的。也有不太好的，我的学生中有个名叫“刘熠钰”的，其实这是个好名字，父母希望自己的孩子的人生像名字那样熠熠生辉，闪闪发光。但“熠钰”这个词，恰和现在一个流行的词“抑郁”谐音。“吴儒智”也是个好名，父母肯定希望自己的孩子既儒雅又有智慧，却被人叫作“我弱智”。有一年高考阅卷时认识一个泗县的老师叫“刘阐”——幸好是个男教师。我的一个学生叫“詹道梅”，学生都戏称她“真倒霉”。

还有好多人的名字用的是多音字，如茜、长，有时不好念，应该注意。

每当有人找我起名，我就说你一定要提一个要求，没要求我起不好。你要是只有一个要求那名字就好起，比如你要孩子名有男孩味，那就叫赵铁蛋、钱二柱；你要是想有激励性，那就叫孙清华、李一本、许剑桥、赵博导；你要是有诗意，那就叫刘诗雨、孟白甫；你要是想好记、响亮，就叫高富帅、胡万三；你要是想一语双关，就叫董田生（冬天生）。好名字可遇不可求，不可要求太多，起名字要想想自己把什么要求排在第一位。

其实名字无非是个代号，尽量好听、好记、好念、好看、好区分，满足一些基本要求就行了，不能太俗、太偏、太难、太邪、太古怪。

中国人起名有按八字的，有按周易的，有按五格的，比如“金灶沐”，人们常说这个名字五行齐全。好多人的名叫“淼”“燚”“森”等字，可能是五行缺“水”“火”“木”的恶补。我给一个同事孩子起过名字，虽然并未被采用，但感觉很得意。孩子姓左，是个男孩。“左”这个姓，名不是特别好起，因为这个字是第三声，有很多音调上的忌讳，比如第二个字不能是第三声，如果起三个字的，第三个字也不能是第三声，读来拗口不响亮。另外，左，多为贬义，需回避。我就起了两个名：一个是“左弼右”，“左”连着两个第四声，响亮，取义为“左右开弓，百发百中”，有点意蕴，而且从形式上看这个名字左右对称，算是音形神兼备；因为同事姓高，她老公姓左，我还起了个通俗的名字叫“左家高”。我以前有个同事叫“徐速”，徐是慢，速是快，人生应该快慢结合，张弛有度，也很有意蕴。

再讲点古时文化人的名字。古人有名还有字，有的还有号，这对于避免重名起到很好的作用。比如陆游，字务观，“务”在文言文里是“追求”的意思，这个名字是陆游的母亲起的。为什么这么起呢？原来陆游的母亲是秦观的“粉丝”，秦观就是写了“两情若是久长时，又岂在朝朝暮暮”的那位，秦观字“少游”，原来，陆游的母亲是希望自己的孩子像秦少游那样。还有张养浩，因为崇拜孟子，孟子曾说“吾善养吾浩然之气”，所以起名叫“养浩”，而他“盼望像孟子那样”，所以字“希孟”。

第十节
约定俗成那些事儿

很多字如果大家都读错了音，读的时间长了，大家就把错的约定为正确。比如前面提到的地名中的字音问题，因为大家都读作“蚌（bèng）埠”，那就给“蚌”（bàng）字加个读音。

同样，如果一个成语，大家都理解错了，那就按错的来，很多成语因此都改了意思。比如“衣冠禽兽”，本来是个褒义词，但现在你用这个词夸人，别人可能要和你打起来的。我印象比较深的成语还有两个，一个是空穴来风，本来意思是有空穴才会有风，形容事情不是没有根据的，但因为大家容易弄错，新版的现代汉语词典是这样解释的：空穴来风，比喻消息和传说不是完全没有原因的，现多用来指消息和传说毫无根据。我估计，这只是个过渡，将来一定会只有后一个解释了。还有一个成语叫“对簿公堂”，本来意思是“在公堂上受审”，但大家常理解成“打官司”。按照以前的说法，应该说“我要让你对簿公堂”，而不是“我要和你对簿公堂”。但新版现代汉语词典已经接受了后面一个原本错误的解释，这就是约定俗成。

有些有明显不能搭配的短语因为用得普遍，也就约定为正确了。比如晒太阳，可以晒衣服，晒被子，怎么晒太阳？还有“救火”“吃亏”等类似的也是。

词语的隐含义也是这样。在长期的运

用中，各种小动物的特殊意义被约定俗成了。例如，羊，温顺；猪，贪吃、肥胖、懒惰；狼，贪、狠、好色等。各种植物的特殊意义也被约定俗成了，例如，竹子，高洁；梅花，骨气；柳树，送别。另外，青山、流水、落花等，也被约定了。就连东南西北风都约定成春夏秋冬了。一说“忙趁东风放纸鸢”，我们就知道是春天，一说“西风紧”，我们就知道是秋天。

文学思维也是一种约定，如果大家心中没有约定可能会弄不懂作品的“暗号”。比如读到“泪水洒在往事上”这样的句子，如果不懂得文学的约定，你就可能感到愤怒：泪水可以洒在眼皮上、眼睫毛上、腮帮子上，怎么能洒在“往事”上呢？“无边落木萧萧下”里的“落木”就是落叶，实心眼的人就会理解为天上“刷刷”地掉木头。

不仅如此，汉语还有文化上的约定俗成。如古时女人是不能轻易穿男人衣服的，《红楼梦》中因为被怀疑和贾宝玉有“私情”，晴雯在临死前将自己贴身穿的一件旧红绫袄脱下让贾宝玉穿，并让贾宝玉把他的红袄脱下给自己穿。表面上看是衣服的交换，实际上晴雯表达的意思很清楚：贾家怀疑我和宝玉有染，我是冤枉的；现在我和宝玉的衣服互换了，就是有了身体的交流，所以就不“担了虚名”。今天的读者看来，一定是非常费解的，要是翻译成外国文字，可能还要作一大段注释。这种约定是在特定文化氛围中产生的，也有延续性，比如今天我们在影视作品中看到男人在风雨中把外套脱下来披在女子身上，也会感觉特别温暖和甜蜜，就是因为这个举动有一种约定了的暧昧。

约定俗成是语言、文学里的一种常见现象，了解这一点，对于我们学好语文是大有裨益的。

第十一节

倒装句式那些事儿

一说到文言句式，大多数人就会想到“倒装句”。

在现代汉语的口语中，也有“倒装”现象。我们来看几个例子：

吃饭了吗你？

饭吃了没？

讲桌上扔着粉笔，横七竖八的。

烧鸡公（粤语）。

打我不到。

我走先了。

为什么我听不懂呢总？

终于结束了，一个长会！

不过，倒装句不常用，还有很多是方言口语，转换成书面语就会调整成现代汉语的正常语序。

现代汉语的正常语序是怎样的呢？为了方便后面的分析，我们简化出一种模式：

定语 + 主语 + 状语 + 谓语 + 宾语

如，好学的（定语）小明（主语）认真地（状语）做（谓语）实验（宾语）。所谓“倒装”，是按现代汉语的语序习惯来说的，而在文言文里，“倒装”多是常态。类型也不复杂，概括来说，主要是“两后一前”，即定语后置、宾语前置、状语后置。

一、先说说定语后置

现代汉语说“美丽的公鸡”“千里马”，前面的“美丽”“千里”就是定语，起修饰作用，它们是在中心语“公鸡”和“马”前面的。在文言文中，应转换成“公鸡之美丽者”“马之千里者”，定语“美丽”“千里”挪到了后面，这就叫定语后置。

常见的定语后置有四种类型：

第一种是用“者”字作为后置标志的，如“宾客知其事者”“求人可使报秦者”；

第二种是用“之”作为后置标志的，如“蚓无爪牙之利，筋骨之强”“庙堂之高”“江湖之远”；

第三种是既用“之”又用“者”的，上面说的“马之千里者”就属于这种；

最后一种是数量词作定语的，在文言中比较普遍，如“铸以为金人十二”，“十二”这个数量词作为定语就放在了中心语“金人”后面。现代汉语有时也会这么说，如“凉菜四个、热菜八个、米饭一份”。

二、再来说说宾语前置

有学生问，宾语前置是不是把“我吃饭”变成“我饭吃”？其实文言中的宾语前置是有条件的，常见的有三种类型。

第一种是否定句中宾语代词前置。从这个说法中大家就看出了两个条件：一个是宾语必须是代词，第二全句必须是否定句，即必须有否定词“不、未、毋（无）、莫”等。代词宾语要放在动词之前否定词之后。

举个例子，“忌不自信”。很多同学会根据现代汉语的习惯将其误解成“邹忌不够自信”。按照现代汉语的语序应该是“忌不信自（比城北徐公美）”，就是邹忌不相信自己比城北徐公长得帅。这里两个条件都具备：宾语是代词“自”，有否定词“不”。类似的还有“然而不王者，未之有也”“古之人不余欺也”“臣未之闻也”等。

第二种是疑问代词“谁、何、安”等作宾语时，往往放在动词或介词的前面，形成宾语前置的情况。比如“沛公安在”，“安”这个疑问代词作宾语，就放在了介词“在”的前面。类似的还有“大王来何操”“奚以知其然也”“无情郎安在”等。

第三种是特殊结构的宾语前置，主要是用“之”“是”将宾语提前。用“之”将宾语提前的如“夫晋，何厌之有”“宋何罪之有”“何陋之有”。用“是”将宾语前置的如“唯利是图”，其正常语序应该是“唯图利”，“是”字作为标志将宾语“利”提前了。其他如“唯命是听”“唯才是举”“唯贤是用”“唯马首是瞻”“唯兄嫂是依”。

三、最后说说状语后置

“我在食堂吃饭”，这句中的“在食堂”是地点状语，位于主语和谓语之间。在古代汉语中，状语却在谓语的后面，像刚才这句话要是在文言文中，就是“余食于公厨”。类似的有“负者歌于途，行者休于树”“言于郑伯”“青，取之于蓝，而青于蓝”等。

很多倒装的现象还留在今天的成语中，我们来看几个：

时不我待——时不待我

情不自禁——情不禁自

皮之不存，毛将焉附——皮之不存，毛将附焉

何罪之有——有何罪

夜以继日——以夜继日

一言以蔽之——以一言蔽之

授人以渔——以渔授人

老于世故——于世故老

死于非命——于非命死

问道于盲——于盲问道

无济于事——于事无济

相濡以沫——以沫相濡

晓之以理——以理晓之

重于泰山——于泰山重

这些成语，可能因为我们太熟悉，常常忽视了其倒装的情况，仔细看一下，对我们了解文言文句式也许会有帮助。

第十二节

古诗词语序那些事儿

很多学生怕诗词鉴赏。明明每一个字、每一个词都认识，组织到一起却不知在说什么。

这除了古诗词文化常识的缺乏，联想、想象能力的欠缺外，还有一个很重要的原因，就是对诗词的语序问题不熟悉。谈及古诗词的语序问题，我们需要先说说中国古诗词语言上的特点。

人们一般把古诗词的语言特点概括为三点：凝练、跳跃、讲究韵律。下面分别来说一说。

凝练，就是受形式限制，必须用最少的语言表达丰富的意思。如“无言独上西楼”，就六个字。要是写散文，就得交代一下这些问题：什么人，什么时间，登上哪个地方的西楼，为什么无言，为什么独自登上，登上做了些什么，想了些什么。

跳跃，类似于中国其他艺术形式中的“留白”，句与句之间，词与词之间有很多空白，需要读者通过想象还原、补充，用开水把打卷的干茶叶泡开。

“枯藤老树昏鸦”，三个词之间，就有很多空白，需要还原：枯藤也许缠绕在老树上；乌鸦站在老树光秃秃的枝丫上，或是站在老树下有几根瑟瑟发抖的秋草的坟头上；乌鸦时不时发出一声凄凉的叫声；老树上也许还有一片摇摇欲坠的叶。这样才有了画面感。

韵律，主要是押韵和平仄。比如辛弃疾的《西江月·明月别枝惊鹊》中“七八个星天外，两三点雨山前”，本来应该是“天外七八个星，山前两三点雨”。但这样就不符合“上仄下平”的韵律规则了，也不符合《西江月》词谱里的平仄要求。

出于以上三个方面的要求，古诗词里的句子常常不是正常语序，常见的有以下几种：

一、主语后置

典型的例子是“晴川历历汉阳树，芳草萋萋鹦鹉洲”（崔颢《黄鹤楼》）。这两句的正常顺序应该是“晴川汉阳树历历，鹦鹉洲芳草萋萋”，也就是说，主语是“汉阳树”和“鹦鹉洲”（当然后一句主语还可以理解为“芳草”，就是鹦鹉洲上的芳草），这两个主语被放在了后面，但实际上是陈述对象。改过以后，顺序正常了，但节拍就没了，也不对称了。

类似的例子还有“竹喧归浣女，莲动下渔舟”，显然，这两句的主语应该分别是“浣女”和“渔舟”，正常的语序应是“浣女归喧竹，渔舟下动莲”（这里的“喧”和“动”是使动用法）。

二、宾语后置

典型的例子是“柳色春山映，梨花夕鸟藏”。

正常情况下，这句应是“柳色映春山，梨花藏夕鸟”。“春山”和“夕鸟”都是宾语，调整到前面，一方面更有画面感，另一方面，把“映”和“藏”放在后面，符合韵律规则。

三、主宾互换

叶梦得《贺新郎》中的“秋色渐将晚，霜信报黄花”，后一句应是“黄花报霜信”的意思。词中原句在形式上看，也是主谓宾的形式，但在意思上却要倒过来理解。大概也是为了韵律的需要。

“绿垂风折笋，红绽雨肥梅”与此类似，不过情况稍复杂一些，正常的语序应为“风折笋垂绿，雨肥梅绽红”。

四、省主语

将两个宾语中的一个作为主语。

这种情况并不多见，如辛弃疾《贺新郎》中的“看渊明、风流酷似，卧龙诸葛。”

从字面意思来看，是说陶渊明酷似诸葛亮。这就比较奇怪。其实辛弃疾是在夸赞自己的朋友陈亮，说他既有文才、又有武略。按句意应该为“看风流，酷似渊明、卧龙诸葛”。词里不仅有平仄的要求，还有断句的要求，为了表达这个意思，作者就作了这样的处理。

五、情况复杂的词序

如“香稻啄余鹦鹉粒，碧梧栖老凤凰枝”，虽然目前对这两句诗的语序，还有些争议，但照字面呈现的方式肯定是读不通的。改成“鹦鹉啄余香稻粒，凤凰栖老碧梧枝”，还是“鹦鹉啄香稻余粒，凤凰栖碧梧老枝”，恐怕还得从诗人创作的角度研究研究。

六、语序和修辞联系在一起

钱起《谷口书斋寄杨补阙》中的“竹怜新雨后，山爱夕阳时。”从语言的顺序上看，可以调整为“怜新雨后之竹，爱夕阳时之山”。但从诗句的画面感来看，这句里有互文的修辞手法，也就是说“怜”和“爱”一个意思，两句不是分开的，似乎可以理解为“喜爱新雨后夕阳下山里的竹子”。

当然，上面只是简单列举，情况还不止这些。大家可以试一下，看能不能看出下面的诗句顺序或意思来。

---

1. 卢纶《塞下曲》：“林暗草惊风，将军夜引弓。”

2. 崔护《题都城南庄》：“人面不知何处去，桃花依旧笑春风。”

3. 苏轼《念奴娇》：“故国神游，多情应笑我，早生华发。”

4. 王昌龄《从军行》：“青海长云暗雪山，孤城遥望玉门关。”

5. 陈羽《从军行》：“横笛闻声不见人，红旗直上天山雪。”

6. 陆游《昼卧》：“香生帐里雾，书积枕边山。”

7. 李白《梦游天姥吟留别》：“我欲因之梦吴越，一夜飞度镜湖月。”

8. 陆游的《书愤》：“楼船夜雪瓜洲渡，铁马秋风大散关。”

9. 欧阳修的《蝶恋花》：“雨横风狂三月暮，门掩黄昏，无计留春住。”

10. 刘禹锡《石头城》：“淮水东边旧时月，夜深还过女墙来。”

第十三节

古诗地名那些事儿

古诗是重意不重实的，常借用某物表达某个意思或情感。比如，古人出门上路，多选择早上或凌晨出发，因为这样可以赶一天的路再落脚，尽量省下住宿的费用，这是比较符合情理的，不能刚出城就住到旅舍里。

但在古诗中，送别的场面发生在黄昏、傍晚，如“对长亭晚”“纷纷暮雪下辕门”“荷笠带夕阳，青山独归远”等。为什么呢？大概黄昏更能表现离别的怅惘、凄苦。更准确地说，“夕阳”“暮”“晚”不是作为具体时间，而是作为表达离别情意的意象出现在诗中。

古诗中的地名，也不能从考据的角度坐实，还要理解这个地名包含的文化约定，包含的情意。也就是说，这个地名，可能仅仅是意象，没有了地理意义上的实指意思。比如“灞桥”。在唐朝时灞桥位于长安东，设有驿站，凡送别亲人与好友东去，多在这里分手，折柳相赠，此桥又被称为“销魂桥”。古诗中提到“灞桥”的很多，如李白的“年年柳色，灞陵伤别”，岑参的“初程莫早发，且宿灞桥头”，刘禹锡的“征徒出灞涘，回首伤如何”，李贺的“灞水楼船渡，营门细柳开”，等等。

唐代边塞诗中常出现楼兰、龙城、燕山、阴山、陇头、凉州、轮台、天山和玉门关等地名。

比如楼兰，古时是西域小国，在罗布泊一带。中国古典诗歌中，“楼兰”这个词多充满杀气、刚性十足，李白就有“愿将腰下剑，直为斩楼兰”的名句。这种认识大概是因为楼兰是一座武城，传说楼兰地处丝绸之路的要冲，这里的人尚武凶残，常截杀汉使。后来，西汉勇士傅介子出使西域，携带黄金锦帛，以赏赐为名，于宴席中斩杀楼兰王。故“楼兰”常代指边境之敌。唐代诗人的豪气使楼兰的文化意蕴强化，使之成为后世边塞诗、战争诗常用的地名意象，表达豪迈之情。如王昌龄有“不破楼兰终不还”的名句。

比如龙城，争议很大，到底是今天的哪个城市似乎很难说清楚了。但有一点我们今天可以辨别，那就是从诗词的搭配来看，“龙城飞将”，气势非凡，“龙”与“飞”相配，“城”与“将”相关联，能引发人的想象，如果按照有些说法改为“卢城飞将”，效果会大打折扣。在古诗里，“龙城”也多是为了表达一种豪壮之情。

至于“啼时惊妾梦，不得到辽西”中的“辽西”，“提笼忘采叶，昨夜梦渔阳”中的“渔阳”，都是指男子戍边之地，思妇所念之所。而“此生谁料，心在天山，身老沧州”中的“天山”意指边关，为国杀敌之地，抱负实现之地；“沧州”则泛指隐居之所，两相对比，多么让人悲痛无奈。

在古诗里，“长安”“洛阳”多暗示文人的政治理想，而如果用“咸阳”“石头城”则多含昔盛今衰之意。

当然，以上只说了很少的一部分，主要是从中学语文教学的角度来谈，总体上谈得较浅。

第十四节

古代座位那些事儿

我国古代有“南面称王”的说法，也有“东向为尊”的说法，有“虚左以待”，也有“无出其右”。座位是古代中国尊卑文化的一种约定，不同范围内暗含不同的礼节。

一般来说，宫殿庙宇都朝南，帝王国君座位是坐北朝南；相对应，称臣就面北，打了败仗就叫“败北”“北面称臣”。

大概是因为日出东方，我国古代一直以东为尊，就连供奉皇帝祖宗牌位的太庙，也要建在皇宫的东侧，“东宫”显然比“西宫”尊贵，现代汉语中还有“东家”“房东”的说法。

因为帝王面向南，大臣面向北，则那么多大臣，也就有个站位的顺序问题。按照以东为尊的习俗，大臣面北，从大臣的角度来说，就是右边为东。也就是说站在东边的比站在西边的尊贵。《史记》中说蔺相如出使秦国归来，因为功劳大，“拜为上卿，位在廉颇之右”，搞得廉颇心里很不是滋味。成语“无出其右”就是根据古代以右为尊而来的，意为没有人能超越他。

从君王的角度来看，左边为东边，以左为尊。在军队中行“军礼”，就是以左为尊。现代生活中还常常有“男左女右”之说，不知是不是受此影响。

不同的朝代，有不同的习俗。有的以左为尊，有的以右为尊。唐代的官职是以左为尊；到了元代，以右为尊；到了明代，又是以左为尊。

古代的“室礼”中：东向最尊，南向次之，再次为北向，最次为西向。《史记·项羽本纪》中鸿门宴的座次为：“项王、项伯东向坐，亚父南向坐，沛公北向坐，张良西向侍。”一般认为，这个座次的安排表现了项羽的自大心理，这个座次是项羽自己坐最尊贵的位，范增其次，刘邦最次。

中国的尊卑文化，所谓“画地为牢而不可入”，不正是约定的力量吗？现代开会，座位有讲究；饭店吃饭，也会在座位上推让一番：这些也是一种约定。

第十五节

古代结婚那些事儿

一提到过去的人结婚，大家首先想到的是“父母之命，媒妁之言”，感觉过去的人是没有结婚自由的。其实这里面还有一种无形的力量，今天的人讲星座，古时人们讲究“十二生肖和生辰八字”。

古人拿十二地支来配十二生肖，子为鼠，丑为牛，寅为虎，卯为兔，辰为龙，巳为蛇，午为马，未为羊，申为猴，酉为鸡，戌为狗，亥为猪。一个人出生在哪一年，属相就是哪种动物。十二生肖，相生相克。所以男女配婚，非常讲究，有“鸡狗断头”“龙虎不相容”等说法。对于相克的属相，是特别忌讳的。

和这个情况相类似的，还有生辰八字。一个人出生的年、月、日、时，各有天干、地支相配，每项两个字，四项共八个字，构成了人的生辰八字。古人认为根据这八个字，可推算出一个人的命运。遇有大事，就要推算八字。订婚时，男女双方需互换庚帖，庚帖上写着生辰八字，能推算出男女可否成婚，是吉是凶。

古代人讲究“天上无云不下雨，地下无媒不成亲”，这事儿马虎不得。现如今结婚已经不讲究这种形式了，两个人相互喜欢就可以结婚。

古代婚姻有六道手续，被称为“六礼”，即纳采、问名、纳吉、纳征、请期、亲迎。纳采就是男方家请媒人去女方家提亲，女方家答应议婚，即答应商量、可以考虑之后，男方家送上见面礼，一般是一只大雁，取鸿雁传书，代表信物之意。然后就是问女方的名字和出生年月日，好算生辰八字，这叫问名。纳吉就是男方将女子的名字、八字取回后，在祖庙进行占卜算卦。纳征，也叫纳币，即男方家将聘礼送给女方家。请期，即男家择定婚期，还要备好礼物告知女方家，求其同意。最后就是亲迎，婚前一天，或者前两天女方送嫁妆，铺床，到了结婚之日新郎家派人到女方家迎娶新娘。

很多学生都对歌里唱的“带着你的嫁妆，带着你的妹妹，坐着马车来”很困惑。其实这涉及我国古代的陪嫁习俗。《阿房宫赋》里有一句“妃嫔媵嫱”，其中的“媵”，指陪嫁的人。大户人家的小姐出嫁了，她的女仆也要跟着出嫁。分成两种情况，一种是陪房丫头，一种是通房丫头。理论上说，陪房丫头只是陪嫁过去伺候女主的，等自己长大了，可以再嫁人。通房丫头算是嫁过去做妾，实际上比妾的身份还要低一些。说白了，算是陪嫁的物品，其实“媵”既可以指人，也可以指物，甚至可以指男仆人。

再说说抢亲。大家一听这个，觉得是野蛮的习俗。其实从历史的发展角度看，却是抢出了文明，有一定意义。远古时期，人们只在部落内部解决婚姻问题，生的孩子多是畸形的、弱智的，而从别的部落里抢来的女子生的孩子往往聪明伶俐。古人慢慢明白了一个道理：“男女同姓，其生不蕃。”意思是，同姓通婚，其子孙不会繁盛。不管他们是从经验得来的，还是出于伦理考虑，这点认识是有进步意义的。直到如今，偏僻的乡下仍有所谓同姓不婚的族规。旧时农村结婚的很多礼俗，都有抢亲的痕迹。比如男方迎娶女方，女方要蒙红盖头，原意大概是为了防止女子半路伺机出逃，防止她们记住回家的路，这跟抢亲时用黑布蒙住眼睛是一个道理。我小时看乡下人结婚，都是要放枪的，就是那种火铳，放枪的人走在迎新队伍的最前面，后面是十几个年轻力壮的男子护卫，这和抢多么像。你再看女人臂弯上所戴手镯，大概可以想象成绳索或者手铐。还有哭嫁，完全没有喜悦，这大概就是被抢后的求救。还有洒红包，完全是有人拦路就洒钱，趁大家忙着抢钱，带着女子逃跑。

结婚时要布置婚房，北方民族会设置青庐，一般在住宅的西南角，是临时搭建的露天的帐幕。新娘和新郎在这里举行婚礼仪式。后常用“青庐”指代婚房，如《孔雀东南飞》中“其日牛马嘶，新妇入青庐”，说的就是这个。

结婚的第二天，要拜丈夫的父母，也就是拜舅姑。程序很复杂，新娘要沐浴盛装，捧着一个竹篮，里面放着枣、栗子、肉等，先献给公婆，表示孝敬。公婆再请新娘吃，取酒让新娘喝，表示回敬。吃完后，新娘要从不同的台阶下堂，表示新娘要代替婆婆主持家务。唐代朱庆馀的诗“昨夜洞房停红烛，待晓堂前拜舅姑”，杜甫的《新婚别》里有：“暮婚晨告别，无乃太匆忙！妾身未分明，何以拜姑嫜。”这里的“拜舅姑”“拜姑嫜”指的都是这个礼节。

再说说“归宁”和“大归”。“归宁”是指回娘家。明代归有光的《项脊轩志》里说到“吾妻归宁”，就是指回娘家。但如果是“大归”那就麻烦了，那就是被休了，回娘家不再回来了。

今天的婚姻礼仪，多受到西方的影响，但很多习俗，多少还有古代婚姻的痕迹。

古代结婚礼俗——文化常识（七）

第十六节

天才王勃那些事儿

王勃是天才诗人，6岁开始写文章，才华惊人。王勃的家人个个才华出众，他的祖父王通，是隋代著名的教育家，精通儒学，15岁当老师，门生遍天下。王通的弟弟王绩也是少年天才，11岁名动京城，是唐代五言律诗的奠基人。王通的另外一个弟弟王度，开启了唐传奇的先河。王勃的父亲王福畤也很有学问。王勃的哥哥王俊，20岁中进士，王勃的三个弟弟也都天资聪颖。

王勃9岁读颜师古注释的《后汉书》，指出了很多注释中的问题，最后写成《指瑕》十卷，估计颜师古地下有知，老脸也挂不住了。

王勃14岁上书宰相，直陈政见，深得赞赏。15岁，王勃向唐高宗献《乾元殿颂》，借献"颂"自我推荐，才思泉涌，笔端生花，唐高宗惊叹不已："奇才，奇才，我大唐奇才！"16岁时，应幽素科试及第，授朝散郎，从七品，相当于今天的副县级官员，成为朝廷中最年轻的命官。王勃名动京城，被沛王李贤通过"绿色通道"挖到自己府里。一帮未成年人，天天一起写诗、玩耍，非常风光。

但好景不长。一次，沛王李贤与英王李哲斗鸡，王勃写了一篇《檄英王鸡文》，讨伐英王的斗鸡，以此为沛王助兴。不料此文传到唐高宗手中，圣颜不悦，读毕则怒而叹道："歪才，歪才！二王斗鸡，王勃身为博士，不进行劝诫，反倒作檄文，有意虚构，夸大事态，此人应立即逐出王府。”为什么会这样呢？原来唐高宗对兄弟相争非常忌讳，当年唐太宗正是通过杀了自己的兄弟上的台。于是，王勃被逐。他凭着自己的才情和苦心经营刚刚打通的仕途，毁于一旦。

恰逢此时，王勃有个好友杜少府要去四川，就是蜀地，王勃还为他写了首诗，从诗中可以看出王勃还是非常洒脱的。

送杜少府之任蜀州

城阙辅三秦，风烟望五津。
与君离别意，同是宦游人。
海内存知己，天涯若比邻。
无为在歧路，儿女共沾巾。

接着，王勃也前往蜀地。蜀地名士，都以能够请到王勃为荣，王勃用了三年时间以诗会友，跋涉了一个又一个城市，留下了许多动人的诗篇。

等他再次回到长安时，在朋友的推荐下王勃担任了虢州参军。虢州就是今天的河南。就在他任虢州参军期间，有个叫曹达的官奴犯罪，王勃将罪犯藏匿起来，后来又怕走漏风声，便杀死曹达以了其事，结果因此而犯了死罪。幸亏遇大赦，没有被处死。

当然有人说，这事儿是由于王勃恃才傲物，为同僚所嫉，为同僚设计构陷。不管如何，这次闯祸，王勃虽遇赦未丢掉性命，但宣告了他仕途的终结。他的父亲王福畤也受到连累，被贬为交趾县令，交趾即今天的越南河内。王勃文章里表达了对父亲的内疚心情：“诚宜灰身粉骨，以谢君父……今大人上延国谴，远宰边邑。出三江而浮五湖，越东瓯而渡南海。此勃之罪也。”从中可体会到身为孝子的王勃内心强烈的羞愧和自责。王勃出狱后在家停留了一年多，这时朝廷宣布恢复他的旧职，但他已视宦海为畏途，没有接受。他在上元二年（675年）的秋天从洛阳出发沿运河南下，准备去侍奉父亲。

心灰意冷的王勃没有想到，此行将迎来他诗歌创作的真正高峰。

这一年重阳节，南昌都督阎某重建滕王阁，大摆宴席，邀远近文人学士为滕王阁题诗作序，王勃恰好路过，也参加了此次宴会。

据说阎都督叫他女婿先写好一篇记述滕王阁的文章，到时候假装是即兴创作来向宾客夸耀。宴会中，阎都督谦恭地拿着纸笔，遍请客人写序文，而客人都谢辞了。轮到最后一个客人，是小小年纪的王勃，阎都督想他肯定不敢来接纸笔，但为了表现他都督“风度”，仍然把纸笔送了过去，王勃却毫不客气地接过了纸笔。阎都督一愣，但又无可奈何，然后满脸愠色地借口上厕所离开了宴会厅，私下则教属官观察动静，随时通报情况。当第一次报“豫章故郡，洪都新府”时，阎都督说，这是“老生常谈”；二次报“星分翼轸，地接衡庐”时，阎都督未作声；三次报“落霞与孤鹜齐飞，秋水共长天一色”时，阎都督一下站了起来，连说：“天才！天才！当垂不朽”。

《滕王阁序》是一篇用骈体写成的诗序，全文对仗，笔力明快、风格清新、气势浩荡，其写景、抒情自然融合，对偶工美，用典恰切，得体周到。我想，即使王勃只有这一篇文章留世，也会在中国文学史上留下光辉灿烂的一页，足以使他流传千古。

遗憾的是，几个月后，天才诗人王勃的生命走向了尽头，他溺水身亡，实在让人叹惜。

今天我们提起王勃，还有一个重要的标签，那就是“初唐四杰”，即王勃、杨炯、卢照邻和骆宾王，文学史习惯称他们为“王杨卢骆”。

纪录片《唐之韵》中有这样一段：这是一批少年才子，才华横溢，精神饱满，一出场就英气勃勃；这是一批短命诗人，活得最短的王勃才二十七岁；这又是一批苦命诗人，王勃是淹死的，卢照邻是因长期瘫痪而投水自尽的，骆宾王是被杀的。他们虽然时运不济，生活多艰，但都立志要扫荡诗坛的积秽，剿除陈陈相因的宫廷文学，要求写出自己真实的感受，在诗中塑现出一个真实的自我，要叫诗歌具有激情和生气。他们的能量虽然有限，但先声夺人，互相呼应，经过一番纵横驰骤，终于为唐诗的出场准备好了必要的布景和合适的气氛。

最后我们以王勃的《滕王阁诗》里的诗句来表达对天才诗人的悼念：“闲云潭影日悠悠，物换星移几度秋。阁中帝子今何在？槛外长江空自流。”

天才王勃的一生

第十七节

诗仙李白那些事儿

在中国古代诗人中，李白的名气应该是最大的。在高中课本里，李白的诗也是选得最多的。

实际上大家对李白这个人却十分陌生，有学生还曾经问过我李白有没有结婚。也难怪，感觉李白天天就知道喝酒，还全国各地跑，不着家，谁愿意嫁给他。还有人关心李白喝酒的钱从哪里来——是呀，那时写诗没有稿费，李白也没正经做过什么官，交那么多朋友，动辄“一饮三百杯”，钱从哪儿来呢？

真实情况是怎样的呢？今天来讲讲李白这个人，还有他的婚姻和朋友圈，让大家了解真实的李白。

关于李白 42 岁之前的事，我翻阅了相关史料，大体有以下几个方面。

第一，李白生于 701 年，出生地在当时叫安西都护府的碎叶城，也就是今天的吉尔吉斯斯坦国境内。五岁时随家人迁到四川省江油县。

第二，李白在给别人的自荐信中说，他是凉武昭王李暠的后代。按照他这个辈分，唐玄宗还要叫他爷爷。

第三，李白说自己年轻的时候，跟朋友在深山老林里边，养了几千只鸟，且都是奇鸟。李白只要手一伸，这些鸟就会飞到他手上。他还说自己练剑，杀过不少人。

第四，李白很豪气，也很讲义气。曾

经在扬州一年花掉30万金，这钱怎么来的，我们不得而知。和朋友游洞庭湖，朋友暴病身亡，他借钱在当地给朋友安葬。好多年后，他把这个朋友的尸骨，从坟墓里边挖出来，装在口袋里面，背到这个朋友的家乡安葬。

第五，26岁时李白结第一次婚，而且还是做“上门女婿”，北方人叫“倒插门”。这位夫人是前宰相许圉师的孙女。媒人是谁，说出来大家肯定感兴趣，是孟浩然。我们小学都背过“故人西辞黄鹤楼，烟花三月下扬州”，送的就是他的大媒人孟夫子。李白后来又见了一次孟浩然，那时孟浩然已经快50岁了，李白写诗说“吾爱孟夫子，风流天下闻”。婚后长达10年的时间里，李白都生活在他老丈人家里，婚后育得一子一女。但是许氏于738年去世，李白就离开了许家。

第六，李白在三十八九岁时，也就是第一任妻子去世一年之后，娶了一个姓刘的女人，也谈不上娶，就是同居。不久，据说刘氏有些看不起李白，李白愤而离开。

第七，在这期间，李白去过一次长安，他和当时宰相张说的二儿子张垍比较熟悉，但张垍的人品不怎么样（后来安史之乱时加入叛军），对朋友也不够意思，没有帮李白什么忙。李白虽然是豪放的人，但很敏感，第二次到长安时，就再没找过张垍。

第八，李白的父亲可能是个商人，按唐代的习惯，商人家的孩子不能参加科举考试。所以李白也从未提过此事。

好了，这就是42岁之前的李白值得说说的事。

42岁时，李白的人生实现了转机。唐玄宗召他入京。他写道：“仰天大笑出门去，我辈岂是蓬蒿人”，意思是“我要到中央上班喽”，毫不掩饰，也不低调。谁推荐的李白呢？据推测是元丹丘，李白有首很有名的诗叫《将进酒》，里面有句“岑夫子、丹丘生，将进酒，杯莫停”，这里的“丹丘生”就是元丹丘，他是个道士。

这里要介绍一下，唐代道士的地位是很高的。据说唐高祖李渊称帝以后，为了巩固政权，自称是老子的后代，老子叫李耳，也姓李。所以，道士在唐朝很吃香。唐玄宗的妹妹玉真公主，出家了。元丹丘就在玉真公主的专属道观里给她讲道。唐玄宗因为经常去看望自己的妹妹认识了元丹丘，于是，元丹丘把自己的朋友李白推荐给了唐玄宗。可能因为元丹丘崇拜李白，在唐玄宗面前把李白夸得过于神乎，于是唐玄宗迫不及待地召见李白。可惜期望越大，失望越大，唐玄宗见了李白才知道，他只是个浪漫的天才诗人，是生活在幻想中的政治盲。很多书上说李白在长安三年，其实他是从天宝元年秋天进长安，天宝三年初春离开，虽跨了三个年头，实际上只有一年多。他做的官叫翰林待诏，简单说就是陪皇帝娱乐。唐朝的翰林待诏很多，有写诗的、画画的、算卦的、炼丹的。

据说李白因才华得到玄宗重视，每每

有狩猎、赏景等活动必命其吟诗作赋。当然传说中的“御手调羹、力士脱靴、贵妃捧砚”可能性很小。但是李白喜好喝酒，并且经常醉酒，醉后就很难守口如瓶倒是真的。清人王琦怀疑李白“曾醉中泄露禁中事机”，皇帝因此不再重用他。

最后呢，唐玄宗虽然对李白很失望，但还是给足了他面子，说法是“赐金放还”。

搁着我们普通人，当年吹了牛去中央上班，后来被人家辞退了，回来后肯定是没面子的，但李白又写诗说“安能摧眉折腰事权贵，使我不得开心颜”，这意思是我不想带他们玩了，那种生活我不喜欢，我想过一种云游的生活。

不得不说，李白本人和他诗里边呈现的自己，是完全不同的两个人。诗里的李白上天入地、豪气冲天、狂放不羁、潇洒飘逸，但现实中的他还是有很多普通人俗气的一面。从京城出来，李白仍然夸耀自己当年的生活，受人追捧呀，交往的都是有身份的贵人呀，什么“昔日长安醉花柳，五侯七贵共杯酒”之类的话，他没少说。

李白在长安还有一件特别值得说的事，就是认识了贺知章，贺知章就是写了“少小离家老大回”，还有“二月春风似剪刀”的那位大诗人，当时贺知章已经八十多岁了，官居三品，据说看了李白写的《蜀道难》，非常欣赏李白，夸他是“谪仙人”，两人成了忘年交。李白后来还曾写过回忆和贺知章交往的经历，“四明有狂客，风流贺季真。长安一相见，呼我谪仙人。”还说两人一起喝酒，没带钱，贺知章直接把身上带的一个金乌龟的配饰抵了酒钱。

李白从长安回来后，发生了一件中国文学史上的大事，就是李白和杜甫、高适曾一起云游梁宋——今天的河南开封、商丘一带。杜甫大家熟悉，当然，杜甫活着时名气和李白是没法比的，别说李白，就是和王昌龄、王之涣、岑参也差一大截。后来到了中唐，白居易和元稹发起新乐府运动，推杜甫为现实主义诗歌的领袖，由于杜甫曾经和李白有过这样一段交往，所以就说他们俩是唐代的两座高峰，说当时就和李白齐名，人称“李杜”。实际上这时的杜甫只有三十多岁，当然他们的交游给杜甫带来了很大的影响，后来杜甫写了12首关于李白的诗，李白写了4首与杜甫相关的诗。

高适，有人不太熟悉，但“莫愁前路无知己，天下谁人不识君”大家一定听说过，就是高适写的。高适是唐代著名诗人中官位做得最高的人，担任过淮南节度使、刑部侍郎。

他们三人一起云游，留下了文学史上一段佳话。

在这次云游之后，李白回到今天的山东。李白在这里置下了大批田产（应该是皇帝赐的钱），并开始了他的第三段婚姻，这个妻子为他生了一个儿子，此后，他常云游在外。不过5年后，妻子不幸亡故。李白的这个儿子，后来也不知所踪。李白写诗和杜甫不一样，他很少提到自己的家人和孩子。

其实李白的收入，也存在问题，他从来没说过他的钱是从哪里来的。一般推测，李白年轻时花的钱，应该和他家有钱有关，后来呢，李白在皇帝身边得到了各种封赏，一时间名震华夏，邀李白写稿子的当然会给他一大笔报酬，所以李白过着悠闲的生活是绰绰有余的。

李白的第四任妻子姓宗，是唐朝前宰相宗楚客的孙女。据说某天，李白酒醉梁园，诗兴大起，便挥笔在墙上写下了《梁园吟》。宗氏看到这首诗，久久不能释怀，花千金买下了这面墙壁。于是就有了“千金买壁”的佳话。据说宗氏既是美女，又是才女，还是忠实的道教信仰者，可以说和李白志同道合。在李白因李璘案下狱，被发配夜郎时，宗氏曾多次施救，不过从此两人没再见面。李白曾作诗《自代内赠》表达对宗氏的思念。

61 岁时，李白穷困潦倒，生活凄凉。但他对时局的变化仍然十分关心，且从未放弃精忠报国的机会。听说李光弼的军队要去平反，他要参军，然后又是写诗。“秦出天下兵，蹴踏燕赵倾”，就是说李光弼的军队一出击，边乱就马上搞定。他像当年参加永王的军队一样自信作诗，“但用东山谢安石，为君谈笑静胡沙”。但是很不幸，他在半道上生病，没有去成。

第二年，李白去了安徽省当涂县，当涂县的县令李阳冰，是他本家的叔叔。唐代宗宝应元年（762 年）十一月，李白一病不起。去世前把自己平生所作的诗文，交付给他的叔叔李阳冰，让他编辑出版，成就了后来的《草堂集》。

纵览李白的一生，他特别令人佩服的是：永远亢奋，永远自信，永远对未来充满好奇和期待；现实和梦境，酒醉和清醒，没有界线。他活得像个隐士， 像个侠客，也像个仙人，更像个孩子。

李白和他的老婆、朋友圈

附：

那些我们曾经背过的李白的名句

1. 床前明月光，疑是地上霜。
2. 白发三千丈，缘愁似个长。
3. 危楼高百尺，手可摘星辰。
4. 飞流直下三千尺，疑是银河落九天。
5. 少时不识月，呼做白玉盘。
6. 浮云游子意，落日故人情。
7. 故人西辞黄鹤楼，烟花三月下扬州。
8. 长风破浪会有时，直挂云帆济沧海。
9. 桃花潭水深千尺，不及汪伦送我情。
10. 我寄愁心予明月，随君直到夜郎西。
11. 两岸猿声啼不住，轻舟已过万重山。
12. 两岸青山相对出，孤帆一片日边来。
13. 举杯邀明月，对影成三人。
14. 相看两不厌，只有敬亭山。
15. 天生我材必有用，千金散尽还复来。
16. 今人不见古时月，今月曾经照古人。
17. 抽刀断水水更流，举杯消愁愁更愁。
18. 安能摧眉折腰事权贵，使我不得开心颜。
19. 君不见黄河之水天上来，奔流到海不复回。
20. 清水出芙蓉，天然去雕饰。

第十八节

伟人鲁迅那些事儿

我们的中小学教材里选了很多鲁迅的文章（附在本文后）。我们对于鲁迅的理解是“伟大的文学家、思想家、革命家”。

今天我想从八个方面来讲讲鲁迅，希望大家能够看到一个真实的鲁迅。

一

先说说鲁迅的家世。

鲁迅的祖父周福清是同治年间的进士，曾任江西金溪县的知事。

周福清希望自己的儿子，也就是鲁迅的父亲周伯宜，能够考中举人，就去贿赂考官，后事情被揭发，周福清被捕入狱。这一年，鲁迅 13 岁。

那时候考试作弊，判得很重——斩监候，也就是秋后问斩。为了避免这场劫难，周家人花费了家中所有积蓄，打点刑部，将周福清改判为“牢固监候”，相当于今天的无期徒刑。

鲁迅的父亲周伯宜也因伤感忧郁，每日借酒消愁，两年后去世，年仅 37 岁。又过了四年，逢大赦，鲁迅的爷爷周福清被释放。

鲁迅家遭到了这么大的变故，彻底破败，这种破落不光是贫困，更主要的是街坊邻居对他家人的鄙视。

鲁迅性格的形成，应该与他的童年经历有很大的关系。

二

再说说鲁迅的求学之路。

大家都知道鲁迅到日本仙台去学医，但其实鲁迅最早没打算学医。

1899年，鲁迅当时上的是南京江南水师学堂，第二年改到了路矿学堂。路矿学堂其实只办了一期，就是鲁迅上学的那一期。鲁迅以优异的成绩毕业，他的成绩现在是能查得到的。但是上完后也没有出路，他就准备到国外去。

1902年，鲁迅21岁，到日本去留学。他本意是到东京一个军校性质的学校学习，结果没被录取。可能因为他身材比较矮小的缘故。于是就改到了日本的弘文学院，这是一所专门为留学生补习日语，和学习一些基础知识的学校。

鲁迅说，他不满当时东京留学生的浮躁喧哗，在《藤野先生》一文里，鲁迅讽刺他们“还要将脖子扭几扭，实在标致极了”，看不惯，于是就前往仙台学医。

仙台医专不是一所有名的学校，很偏僻，据鲁迅和他的弟弟周作人所写的文章中说，他选中那里的唯一原因是那里没有留学生。关于鲁迅在仙台的这段学习我们都比较熟悉了。鲁迅在《<呐喊>自序》里说，中止学医的原因是在课堂上看到日俄战争的纪录片，一个中国人给俄国人当间谍，被日本人枪毙了，围观的是一群麻木的中国人，课堂上日本学生还鼓掌，高呼万岁，于是他就毅然地离开了。

后人研究认为实际情况不是这样。有一次，笔者去鲁迅北京故居的时候，无意间看到了鲁迅当年的成绩单。除了伦理学考了83分外，其余的都仅仅60分，藤野先生教的那个解剖课只有59.3分，不及格。所以笔者认为，鲁迅打算弃医从文，用文字来唤醒民众可能有他在学医方面知难而退，想寻找另外的路这层原因。

三

鲁迅在日本期间，大概是1906年，他家乡有人从日本回来，说看到鲁迅在马路上和日本女人一起走路，还带着孩子，实际上可能是鲁迅在过马路时，帮助一个日本的女人牵了一下孩子。

听说这个，鲁迅的母亲急了，给鲁迅写信，说自己病重，骗他回家。那时鲁迅和朱安已经由家长订婚几年了，鲁迅前一次回来，也没有说退婚，只是希望朱安能够放足，能够学文化等。朱安比鲁迅大3岁，这时已经29岁了。

鲁迅到家以后，发现家里张灯结彩，才知道上当了。也许是不忍心让母亲伤心，只好任其摆布。

该有的仪式也都有了，跳火盆他也跳，举行了婚礼，还和朱安一起去了岳父家。

该做的事基本上都做了——当然最该做的事没有做。当时绍兴有“听房”的习惯，门外有人听着，鲁迅和朱安确实没有夫妻之实。

结婚三天之后，鲁迅又回到日本，日本的朋友问他回去干什么，他就说了一句话："我母亲娶媳妇。"

这一去又是三年，朱安就顶着这样一个名不副实的媳妇的头衔，伺候鲁迅的母亲，和鲁迅的母亲一起生活，直到鲁迅的母亲死去。

四

1909年，鲁迅回国，那年他29岁，依然没有工作，然后他就回到老家。经好友许寿裳推荐，到浙江两级师范学堂做了生理学、化学的教师，正好有一个日本教师在学校讲生物课，鲁迅在旁边做翻译。

又过了三年，还是由这位徐寿裳介绍，鲁迅应邀到教育部当科长，当时蔡元培当教育总长。鲁迅在那里几乎做了14年的公务员，期间也到处代课，主要讲《中国小说史略》。

他到北京以后，在八道湾胡同买了一个大宅子，这个宅子花了三千多大洋。鲁迅把绍兴老家的房子全部卖掉，他的母亲，他名义上的妻子朱安，他的二弟周作人，还有周作人的老婆，都搬来了。

周作人的老婆叫羽太信子，是日本一户非常贫苦人家的孩子，嫁给周作人以后，才知道周作人在中国是名人、大作家。为了分享她自己的幸福生活，她还把妹妹羽太芳子也弄到中国来了。后来她的妹妹嫁给了鲁迅的三弟周建人，这样她妹妹也取得了中国的长期居住权。

鲁迅的宅子是三进院落，空间很大，后院甚至还挖了一个荷池。鲁迅住中院三间，中院最不好，人进进出出的，吃饭时全家人聚集到这里。

为什么提这件事？是想说鲁迅的文字虽然很激进，但在家庭观念上似乎还是很保守的。

因为鲁迅的收入非常高，鲁迅一家在北京的生活是非常好的。

鲁迅刚来到北京的时候，一个月领60块钱，后来涨到200多，当教育部的官员的时候，他一个月有300大洋的收入，这在当时算是很高了。

鲁迅还在不同的地方代课，稿费、代课费比工资还要高。据有人统计，在短短几年里，鲁迅有几万块钱的收入。周作人是北大教授，一个月也有300大洋的收入。

而且鲁迅还非常会过日子。他每天都记账，名人的日记里最无趣的就是鲁迅的，每天都是记花了多少钱，或者有什么收入。别人给他写信的信封，他要剪开，反过来，做成新信封，留着给别人写信用。别人给他寄书的绳子，他也都留着，理得整整齐齐放在抽屉里。后来鲁迅到上海以后，生活方式有些变化，有电影一定去看，出门就叫车。还有买书，鲁迅在25年间买了10000多块钱的书，最多的一年花了2000多块。

五

后来发生了一件非常遗憾的事情，中国文学史上一段公案，就是周作人和鲁迅突然闹翻了。

周作人写了一封信。“鲁迅先生：我昨天才知道，但过去的事不必再说了。我不是基督徒，却幸而尚能担受得起，也不想责谁，大家都是可怜的人间。我以前的蔷薇的梦原来都是虚幻，现在所见的或者才是真的人生。我想订正我的思想，重新入新的生活。以后请不要再到后边院子里来，没有别的话。愿你安心，自重。七月十八日，作人。”

根据1924年6月11日的鲁迅日记，他们不仅是闹翻了，鲁迅回家取东西，结果周作人和他的老婆不仅骂他，还打他，甚至拿起一个什么东西直接往鲁迅头上砸。闹到了这样的地步。

到底为什么兄弟俩失和，有各种说法。

有说是因为钱。因为朱安没有文化，整个大家庭的钱，都交给羽太信子掌管，鲁迅的确也埋怨过，说钱是洋车拉进来，但是被汽车拉出去。还有人说是羽太信子污蔑鲁迅偷看她洗澡，她有别的目的——比如霸占鲁迅八道湾30多间房子。事实上很快这房子就归了周作人，而在买房时周作人是一分钱没花的。

后来，兄弟两人都闭口不谈此事。还有两位调解人，他们直到死都不再谈周家兄弟的事。

总之后来鲁迅就搬出去了。几个月后，鲁迅又买了房子，鲁迅的母亲以及朱安也搬到鲁迅那里去了。

这非常遗憾，周作人和鲁迅一起生活的时间最长，也最能了解他的心思，绝交后的鲁迅更加孤独。而且我还觉得，周作人基本上是鲁迅带大的，一起上学，一起到日本留学，连北大的教授职位，也是鲁迅找人推荐的。可能鲁迅把周作人照顾得太好了，形成了他依赖心理，同时又让他养成了一种自私懦弱的性格。这样想也许更为合理。

鲁迅的三弟周建人后来到上海去工作了，他抛弃了羽太信子的妹妹羽太芳子，和他的学生结婚了。周建人自学成才，成为生物学家，在大学教过书。后来做过全国人大常委会副委员长、全国政协副主席等，活到96岁。

六

朱安一直陪伴着鲁迅的母亲，她也希望能够和这个“大先生”——就是鲁迅，拉近距离，但最终没有这方面的可能。

据说鲁迅跟他结婚13年后，再见到她的时候，她慌忙到门口去迎接，但鲁迅只是哼了一声，并没有把行李递给他。

当然鲁迅对她也算是不离不弃，因为她没有收入，不识字，在生活上都是靠鲁迅照顾。鲁迅去世以后，朱安的生活费有一部分是许广平负担的。

1943年，鲁迅的母亲去世了，临死前，

她让朱安一定要收下原来周作人每月给她的15块钱。

朱安的最后4年，生活非常凄惨。有一点不得不提，正因为有她，鲁迅在北京的故居和遗物才得以完整地保存。

再说说许广平。1923年，鲁迅到北京女子师范大学教《中国小说史略》，上课时许广平就坐在第一排。当时，《记念刘和珍君》里边所谈的杨荫榆（杨绛的姑姑，抗日期间有让人敬佩的气节），担任北京女子师范大学校长。鲁迅骂她骂得很厉害，许广平也是带头反对杨荫榆的女学生之一！

鲁迅和许广平两人后来去过上海、厦门、广州，1927年开始在上海租房同居。

这里说点有意思的。鲁迅和许广平交往的前几年，他一直对外称许广平是帮他校稿子的助手。其实那时学生都已经开玩笑称许广平为师母了。他们到上海租房时，还是他住二楼，许广平住三楼。甚至外出住宿时，鲁迅还安排三个床，让他朋友睡在中间，以示二人清白。

后来许广平怀孕了，鲁迅才以各种托辞，各种解释，告诉大家。在这一点上，许广平却是非常勇敢和坦诚的。前几年是配合鲁迅瞒着各方，后面是大大方方地告诉自己的亲戚朋友。

鲁迅在生活习惯上有很多怪癖，比如喜欢一个人吃饭，白天睡觉，晚上写作，而许广平把他照顾得非常好，这很不容易。

说实话，看了很多的材料，越发觉得许广平非常可敬。她想尽办法保护鲁迅的遗稿，甚至不惜花重金要租银行的大保险柜。1941年被日本人抓去，被关76天，受尽凌辱拷打，但信奉“身体可以死去，灵魂却要健康地活着”“牺牲自己，保全别人；牺牲个人，保全团体”原则，坚决保护上海的文人。这不是一位普通的女子。

1929年，鲁迅的儿子出生了，叫海婴，意思是在上海出生的婴儿，名字起得非常简单。鲁迅老来得子，十分疼爱周海婴，还说过“无情未必真豪杰，怜子如何不丈夫”的名言。在这之后，鲁迅再也没有离开上海。

七

最后，说说鲁迅拒绝获诺贝尔文学奖这事儿。

瑞典一位探测家来到中国，想推荐中国人获得诺贝尔文学奖，让大家通过文学来了解中国。

但鲁迅拒绝了，他说感谢他的好意，为了中国，他很抱歉，他不愿意这样；诺贝尔奖金，梁启超自然不配，他也不配。

真实的鲁迅

附:

那些我们曾学过的鲁迅作品

《从百草原到三味书屋》《风筝》《社戏》

《阿长与山海经》《鲁迅自传》

《中国人失掉自信力了吗》《故乡》

《藤野先生》《孔乙己》

《一件小事》

《论雷峰塔的倒掉》《<呐喊>自序》《祝福》

《拿来主义》《记念刘和珍君》《灯下漫笔》(节选)《药》《阿Q正传》

第十九节

朱自清《背影》那些事儿

我觉得初中教材中的《背影》改到大学教材中，或者至少改到高中教材中，或许更妥当。因为初中生是不大容易看懂《背影》所表达的复杂情感的。学生可能会得出一个非常简化的结论——这是一篇表现父子情深的散文。

当然，这不能全怪学生。很多教师在教这一课的时候，很少扩展关于这篇散文的背景知识，却在上完课以后给学生布置一个家庭作业，让回家观察一下爸爸或妈妈的背影，模仿着写一篇感人的作文。

学生回家之后仔细地观察爸爸妈妈的背影，或瘦削或肥硕，但是无论如何都感动不起来，然后就不得不胡乱编造，故作情深，写得自己都觉得恶心。

本来是为了加深学生对散文的理解的，反而使学生更加难以理解；本来是为了提高学生的写作兴趣的，反而挫伤了学生写作的积极性。所以，在这里我想将《背影》里相关的背景知识介绍给大家。

《背影》里写“我从北京到徐州，见着父亲”，其实朱自清从北大回到徐州去和父亲相见的时候，心里边是带着对父亲的恨的。

朱自清的父亲时任徐州烟草公卖局的局长，生活作风有些问题。他当年在江西做官的时候就娶了妾，然后到徐州工作的几年又娶了几房姨太太，结果其中一个潘姓姨太太醋意大发，到单位里大闹，闹得不可开交，这件事情还上了报纸。于是他单位的领导就直接说，你家事都没有处理好，还是先处理家事吧，就这样把朱自清的父亲革职了。这就是文中所谓的“父亲的差使也交卸了”。于是朱自清的父亲不得不花钱把这些姨太太一个个打发回去。没有钱怎么办？朱自清的父亲就偷偷跑回扬州，把朱自清的奶奶祖上留下来的首饰给变卖了。朱自清的奶奶知道真相以后，气病交加，不幸身亡。

在这种情况下，朱自清回到徐州，他内心哪能不带着对父亲的恨呢？所以一开始他对父亲谈不上什么深情。

所以，《背影》开头写“那年冬天，祖母死了，父亲的差使也交卸了，我从北京到徐州见着父亲，看见满院狼藉的东西，又想起祖母，不禁簌簌地流下眼泪”，说的就是这样一个大背景。

这几句里有大量的隐含的信息。我们也可以想象当时朱自清复杂的情感。一方面内心有悲痛、凄凉，有对父亲的极为不满。而当看到父亲是那样的颓唐、潦倒、尴尬、窘迫，我们又能想象到他内心的无助、愧疚。

朱自清通过不和父亲说话表现对父亲的复杂情感。

大家看这里父子之间的语言交流是很少的，总共只有几句话，主要是朱自清的父亲说的。

朱自清不理他，而父亲又似乎极力讨好儿子，把事情安排得非常细致、周到。

另一方面，朱自清对父亲别的方面的嫌弃也是他复杂情感的表现。

朱自清嫌弃他迂腐，嫌他说话不够漂亮，觉得他没有必要做这样那样的事，而且还觉得自己比父亲聪明。直到父亲要去买橘子，要走很远的路。他父亲是一个胖子，要穿过铁道，还要爬上那边月台，很不容易了。这里朱自清有一处对父亲动作的描写：“他用两手攀着上面，两脚再向上缩；他肥胖的身子向左微倾，显出努力的样子。”

在这个瞬间，朱自清看到他的这个背影，突然间感觉到这个男人其实也很可怜，而这个男人是自己的父亲，他这样努力地攀过月台，只是为了给儿子买几个橘子，因此情感非常复杂。

这里还有一个背景，朱自清的父亲对朱自清要求是十分严格的，据说朱自清小时候写的作文，父亲看了之后就让他不停地改，最后甚至直接把他的作文本扔到火炉里边，烧了。

朱自清从小对父亲是非常怕的，如今这种怕又加上了恨，看到父亲买橘子，感受到父亲对儿子也有关爱的一面，所以百感交集，一瞬间的触发，眼泪流了下来。

另外，还有一点值得注意的是，这是一篇回忆类散文。这事发生在1917年，这篇文章写于1925年，中间过了8年。这8年间，朱自清和父亲之间虽矛盾不断，但到写作这篇文章时，已趋于缓和。

朱自清的父亲一向是比较霸道的。朱自清18岁的时候就接受了父亲给他包办的婚姻。直到1916年，朱自清考进北大的预科，接受了五四新文化运动的影响，接受了一些关于人格独立、个性自由、思想解放等思想，于是他渐渐和他父亲之间的这种老派思想的分歧越来越大。他想摆脱封建家长对他的控制。于是和父亲之间的冲突摩擦不断。

为了改善家里的生活状况，朱自清在1921年去扬州担任扬州省立八中的教务主任，他父亲竟凭借和该校校长的私交，直接把朱自清当月的全部薪水领走了。这种专制式的行为让朱自清极为不满，他愤然地离开扬州，辗转到宁波、温州等地。从此以后父子失和！

1921年的冬天，朱自清直接把自己的妻子和孩子从扬州接出来，在杭州安了家。这使他的父亲大为恼火，觉得儿子翅膀硬了，就抛弃自己和家庭。

1922年，朱自清想趁暑假的时候回去，主动和父亲缓解矛盾，结果他父亲不允许他一家人进门，后来，在别人的劝说下进了门，也是不理不睬。过了几天，朱自清就不得不和妻子、孩子离开了家。正因为如此，也加重了朱自清对父亲的怨恨。从这以后，他们之间的裂痕越来越重。

1923年暑假，朱自清再次回到家中，但他们的关系依然没有好转。

朱自清认为自己是没有错误的，他父亲也认为自己没有错，于是他们就进入冷战状态。

所以《背影》里边，“他待我渐渐不同往日”“他终于忘却我的不好”等，说的就是这个背景。

时隔8年之后，朱自清渐渐长大成人，已为人父，经历世事艰辛，加之时间和距离的拉开，他慢慢地试图理解父亲。“他少年出外谋生，独力支持，做了许多大事。那知老境却如此颓唐！他触目伤怀，自然情不能自已。情郁于中，自然要发之于外；家庭琐屑便往往触他之怒。他待我渐渐不同往日。但最近两年的不见，他终于忘却我的不好，只是惦记着我，惦记着我的儿子。”

而父亲的信，是情感触发的导火索。他写信说自己：“膀子疼痛厉害，举箸提笔，诸多不便，大约大去之期不远矣。”朱自清在伤感中也忘却父亲的种种不好，再想起8年前的那个场景，于是写下这篇感人的文章。

正因为在这样一种复杂的背景下，朱自清和父亲之间有这些复杂的情感，所以他这篇散文才写得那么感人。

十二三岁的初中生，生活体验和情感的体验积累还不够，就很难理解到这个层面。

如果单纯告诉他们《背影》一文描写的，是父爱、父子情深，或者感动等等，则本质上是灌输，甚至是误导。

最后再补个结局。

1928年秋日的一天，在扬州一所简陋的屋子里，朱自清的三弟朱自华接到了开明书店寄赠的朱自清的《背影》散文集，跑到二楼父亲卧室。朱自清的父亲这时已经行动不便，一步步地挪到窗前，靠在小椅子上，戴上了老花眼镜，一字一句读儿子朱自清的《背影》。读时老泪纵横，双手颤抖。他终于明白了儿子懂得了自己对他的关心，也明白自己错怪了儿子，他彻底谅解了儿子。从此父子矛盾才真正得到缓解并消逝。

也许朱自清的父亲这位读者，最能理解朱自清这篇散文。

朱自清《背影》的真相

第二编

解析阅读

第一节

怎样才能有效阅读

关于阅读，很多人有一些误解。有人接受了古人的主张，认为读书可以“不求甚解”；有人接受了名人的主张，认为要多读“闲书”和“无用的书”；还有人接受了哲人的主张，认为阅读的“量变”也能带来“质变”。很多时候，正是这些误解，影响了“有效阅读”的实现。

什么叫有效阅读？怎样才能实现有效阅读？不知以下三个方面，会不会对大家有所启发。

一、读进去每个字

有人不喜欢“读书”，只喜欢“翻书”的。他觉得自己的这种读书方法很高端、很洋气，这是因为他被古人骗了，对“读书不求甚解”深信不疑。其实这方法并不适合我们大多数学生的阅读。而且，这句是文学的表达，主要为了展现个人志趣，严格说不是阅读方法。

“浏览”“观其大略”的方法适用于两种阅读：一种是把一本书当作获取信息的对象，就像上网查阅资料一样，不需要深入理解书中的内容；另一种是读者作为某本书所涉领域的专业人士，和书的作者水平相当，有共同的语言体系，一目十行，也能理解作者的意思。

我们读经典，当然不仅仅是为了获取信息，我们也不是某一领域的专业人士。

所以只有保证每一个字都看到、每个句子都看完整，才可能实现有效阅读。尤其在中小学阶段，正是培养阅读习惯的关键时期，我们的阅读积累还很有限，不仅不能“不求甚解”地读、不能跳着读，还应该反复读，反复读才能内化书中有价值的内容，对其进行深度加工。

另外，不能只读短文章，要读长篇，读整本书，把整本书视为有机生命体，对它有一个全面、细致的理解，建立起完整、有厚度的信息层，沉淀成有价值的、成体系的知识，这样才有可能培养我们的思维的整合能力，形成创新思维。

这几句说得太庄重了，如果你觉得有点费解，那就请记住三个字：认真读！

二、带着问题读书

主张读“闲书”“无用的书”的人，大多是掌握了很多“有用”的知识和能力的人，他们是为了在“已知”以外，保留一个超越自己的机会，他们是为了“换一种思维”“找点灵感”。

普通人可不能盲目跟风，对于大多数人而言，阅读是“学习型”的，因为我们没有多少“已知”，我们希望在有限的时间更有效地学习，而一般的“闲书”，读过之后，难以形成持续性的思考。

大家都知道，上课之前先预习，听课效果会更好，因为明确了自己的问题，听课过程中重点就相对清晰，下课时就可以自我评价：疑问有没有解决？如果没有解决还可以有针对性地追问。

带着问题读书，有类于此。

我们要么是有困惑未解，要么为某问题而好奇，即使我们没有问题去读一本书，读的过程也应该不断地提出问题，不能被动。这样带着“任务”阅读，我们的“理解系统”“专注系统”就会全面启动，读的内容会更容易进入我们的意识，我们更容易自觉或不自觉地对它们进行分析、对比和思考，把你当下的阅读和你已有的知识联系起来，从而运用它们去解答问题，或是形成较高层次的共鸣。这样不仅阅读效率大幅度提高，而且阅读效果才更容易体现。

三、读后愿意“践行”

很多人读了很多书，只求阅读的数量，认为阅读多了自然就会产生“质变”，就会有提高。

其实，说白了，只有有效阅读才是促进了变化的阅读，才是产生了影响的阅读。

如果一本书读完，人的情感、行为、思考方式都没有任何变化，书本一扔，日子照旧，那么，要么那本书不是什么好书，要么阅读就是无效的。

读完一本书，想做书中的人，想模仿书中人的做法，改变了自己的思考方式，提升了自己的审美水平，想要“重新做人”，愿意“抛弃旧我”，才能算得上真正有效阅读。

比如说，很多人认为阅读可以提高写作水平，或者阅读理解水平，但读了很多书之后，发现自己的写作和阅读理解能力并没有提高。为什么会这样呢？阅读只是提高这些能力的前提，关键在于读后的“践行”。这一点在写作上体现得比较明显。写作本来就是实践活动，就像你欣赏体操表演并不能让你也会体操一样，只是阅读，没有阅读后的模仿、借鉴，没有付之行动，没有训练，就不可能有所提高。

对中学生来说，阅读后的“践行”最常用的形式就是分享——说出来或写出来。如果把阅读理解为“输入”，那分享就是一种“输出”。要“输出”，就要对所读内容的结构、逻辑等有透彻的理解，这个过程正是巩固阅读效果，使之成体系的过程；而且分享是要在新情境下讲给别人听，还需要调动自己的知识和智力来应对，也是提高理解力的过程。另外，分享是对阅读的最好奖励，还会鼓励学生去阅读更多的书。

我在读完《目送》后，也“践行”了，仿写了一篇，附在后面。

做到以上三点，阅读会更务实、更有针对性、更能提高人的理解和实践能力，有效阅读才有可能实现。

为什么阅读不能提高作文水平？

附：

父子

儿子下车时，郑重其事地安排我：“这车门上贴的东西时间到了，你自己把他撕掉吧。”俨然大人口气。

我说“好的”——就好像我安排他事情，他回答我的那个语气。

他使出所有力气似的关了车门下去。走到路边，弯腰捡了个法国梧桐树叶，举在手里对着我摇摇，笑笑，提着他的书法材料盒往培训班方向走去，不再回头。

这中间要穿过一个商场的车库入口，要上台阶，要经过几个店铺，要穿过一个有保安的大厅，然后坐电梯上15楼，以前都是我送他上去。

世界是他的，我总不能陪他一辈子，横下心来坐在车上不动。怔怔地看着他，他裤子没有提到位，屁股上鼓着“大包”，但他走得很有劲，肩膀一耸一耸的，下午三点多的阳光正明亮，照着他几根头发金黄地抖。他走得那么的勇敢，那么毫不在乎。我突然涌起莫名的感动，热了眼眶。

我想起张晓风的那篇著名的《我交给你们一个孩子》的文章里的话：

我想大声地告诉全城市，今天早晨，我交给你们一个小男孩，他还不知恐惧为何物，我却是知道的，我开始恐惧自己有没有交错。

我把他交给马路，我要他遵守规矩沿着人行道而行，但是，匆匆的路人啊，你们能够小心一点吗？不要撞到我的孩子，我把我的至爱交给了纵横的道路，容许我看见他平平安安地回来。

但我还想一些别的。

儿子长大了，总有一天我会老去。那时，他生活在一个我不能控制的世界里，我只能像今天一样静静地坐在车上或坐在某个角落里；我老得让人不放心时，他也会坐在某个地方这样关注地看着我的身影吧。

在城市里长大，他和我的童年在形式上已经没有什么相似了。

我想告诉他，我六岁时就能自己做饭，我想告诉他，我七八岁时就开始喂牛喂猪、打扫院子、下地干活，我想告诉他我曾在暴雨里被雷电吓得边跑边哭的无助，曾在深夜里独自穿过玉米地屏住呼吸的恐惧，我想告诉他我在严冬时在冷水里洗红芋，在酷暑中下地收薄荷……这些我都没有说，因为我一动这个念头时，我似乎除了炫耀就没有别的意思了。

当我看到他认真地完成作业，专注地阅读小说，用心地画画……我就知道我们终究是不一样的，这样的差别似乎在明确地提醒我，儿子和我是不同的，他不会也不该和我一样，他自会有他别样的人生。

那天在网上看到一组图片：一个七岁孩子深夜穿着棉拖熟练地开着三轮车来回十公里拉回喝醉酒的父亲，心里不禁一怔。我的儿子还不会这样照顾人——我当然不会羡慕那个喝醉酒的父亲，我还会多事地在心里起了很多担忧，但那七岁的孩子也该有他别样的人生吧。

我还想，我小时，我的父亲也曾像今天我这样看着我的儿子一样看着我的身影吧。

父子一场，不管父亲多么长寿，我们终究只是相伴一程。儿子难免走一段没有父亲的路，时间亦或是变故，总会让我们在某一刻放手。为了这一放手的时刻，我们终究不得不在我们没有放手时反复彩排，以期这个放手仪式自然、圆满。

第二节

中学生阅读碎碎念

安徽故事广播电台找我做一期“阅读分享”的节目，这里节选节目中的部分内容，谈一谈中学生阅读。

主持人：刘老师是从教十几年的语文教师，请您谈谈阅读能给我们带来什么？

刘从良：目前，中学生有三缺：缺睡眠、缺运动、缺阅读。在这“三缺”中，阅读似乎缺得最为严重。从大的方面说，我们活在现实世界里，阅读会让我们进入一个全新世界，拓展我们的生命空间。从小的方面说，阅读可以为我们疗伤，是精神的按摩，喜欢阅读的人内心更强大，幸福感更强。从事教师职业这么多年，我渐渐发现，学习新东西非常轻松的学生，或是更敢于冒险、更有探索精神的学生，还有大学毕业后在各行业做得非常好的学生，大多是热爱读书的学生。读书不见得当时见效，但提高了思维能力，是做好其他事的前提。有人问一名哲学家：“如果今天是你生命中的最后一天，你打算干什么？他说：“阅读。”“如果你已经被囚禁在牢房里，你干什么？”他说：“阅读。”“如果已经到了世界末日，你今天打算干什么？”他还是说：“阅读。”

主持人：谈一谈在您青少年时期，对您有影响的书籍有哪些？

刘从良：说来很惭愧，我小时候真的没有读过什么书，长在农村，条件所限，无书可读。还记得家里有一本叫《新来的小石柱》的书，已经缺了好多页，但我读了好多遍，我还看了不少《人民日报》《安徽日报》，主要看副刊，不过大多看不懂。

大概到十五六岁，我有了机会读书，就疯狂地补，那时正自学外国文学，所以就读了好多外国文学名著，记得上海译文出版社出的一套外国名著，几十本，我基本上都看过，当然，当时没有什么阅读方法，加之看得快，又有点急功近利，也只是“看过”，印象不深。后来对我影响比较大的书有《平凡的世界》《红楼梦》等，尤其是《红楼梦》，我读了七八遍。

大学毕业后，我开了将近一年书店，在看店之余，偶尔也读几本书，但是非常有限。

当高中语文教师以后，平台变了，见的“高人”多了，学生水平也高些，逼得自己不读书不行了，就多读了一些。自由教育学者郑杰、上海师范大学教授郑桂华、21世纪教育学院副院长熊丙奇先后受聘为合肥八中的顾问，他们又成为我的导师，看他们的书多一些。除此之外，我还阅读了其他一些教育教学方面的书，可惜记性大不如前，看的时候愉悦，看完也就忘了。这其中郑杰的《给教师的100条新建议》对我的影响较大。

近几年，合肥八中开设阅读课，希望培养学生热爱阅读的兴趣，我就逼着自己读点杂书，不再只看文学类和教育教学类的书，看了不少哲学类的、经济学类的，并试着在微信公众号上写一些读书笔记，感觉收获大一些。后来工作忙了，参加了一个手机平台的阅读图书卡片的活动，每天读十几分钟，感觉也很有收获。

主持人：现在大家常说有效阅读，怎样才能做到有效阅读呢？

刘从良：常常有学生跟我说自己读了很多书，但是感觉阅读能力并没有提高。阅读方法真的很重要，很可惜的是，大多数人终其一生阅读水平只停留在小学三年级的状态，从此再没提高。阅读分为两种，一种是获取信息，一种是提高思考力。比如很多在机关工作的人常常会看报纸，一天看好多张，他们只是在获取信息，那个作者思维水平不见得比看报的人高，作者只是在告诉读者其他领域我们未知的事，并不能提高我们的思维水平。怎样才能在阅读中提高思维水平呢？我和大家分享一个办法，就是随时和别人分享。我看的书，要么每天早上在我的群里和朋友分享、要么到办公室说给同事听，要么写到公众号里，这时我就对所读内容重新进行了思考和加工，这样之后我可能还会重新读一遍，感觉更有收获。

主持人：我在您的“从良老师”微信公众号上看到《合肥八中推荐阅读书目100篇》，请您向青少年听众推荐适合他们的阅读作品。

刘从良：我先说说不要读什么书。我不主张年龄太小的孩子读成人书，至少不是大多数孩子都适合读成人书。中国人的习惯，总是以小孩做大人事而骄傲，比如什么5岁读三国，6岁读红楼，我的一个朋友说他的孩子9岁，在读《史记》，我觉得这些真的不太适合太小的孩子去读。青少年就该读点青少年能读的书，很多名著固然是经典，但从严格意义上来说，很多经典是写给大人看的，很多经典作品的经典之处是需要一定的阅历才能理解的，外国名著还需要对这个国家的文化有一定了解才能读得了。也有人说读名著青少版，但青少版在使文字浅显的同时一定是对精华的稀释。

我主张中学生多看点理性的作品，比如哲学类的书。《苏菲的世界》，台湾傅佩荣《哲学与人生》，罗素《幸福之路》都可以读一读。读点有实证精神的书，美国人出了一本《怎样阅读一本书》，这本书很值得读读，正好能指导我们怎样阅读。读点通俗的科学类的读物，如果是高中生还可以适当看一些经济学的书，了解我们的世界在发生着什么。读点杂书，就像吃饭，只吃一种就会身体营养不良，只读一类书就会精神营养不良。当然，任何书都要看是不是适合自己，这很重要，推荐书只是一种善意表达，没有什么“必读书”的说法。总体上来说，我们的学生读的注重形式的书较多，读的重实证、讲逻辑的书较少，这方面应该引起注意。

主持人：现在很多青少年课业负担重，课外阅读时间很少，可能有人据此认为课外阅读没有用，也提高不了多少分数，您怎么看这个问题？

刘从良：有这样一个作文材料，在伊甸园，一棵大树对一株玫瑰花说：“你虽然很漂亮，但是没有什么用。”这株玫瑰就去找上帝，说：“请把我变得有用些吧。”上帝同意了，从此，世界上有了第一棵卷心菜。在一个经济转型时代，社会文化对学生产生了很大的影响，我们太注重所谓的“用”，这可能是我们这个时代最大的“无用”。所以特别希望我们的青少年不要只读成功学的书，不要信奉有什么学习秘诀的书，如《三天练好字》《15天学会英语》《十招成为最成功的人》。

的确，在课业负担重的现实下，缺少阅读，不能怪我们的学生不喜欢阅读。这可能需要全社会做点什么。学生也完全有可能抽出点时间，哪怕是学生说的“垃圾时间”，比如睡前时间，看看书，我们真的不能没有阅读。曹文轩说的，人生有很多舞台展示自己的优美，展示人类的优美的肢体，人无疑是肢体最优美的动物之一，但是人最美的姿态是读书。还有一句话说，如果真的有天堂，希望天堂是图书馆的模样。

第三节

怎样读懂古诗词

有人说“生活不止是眼前的苟且，还有诗歌和远方”。可怕的是，现在，我们的生活不止是眼前的苟且，还有读不懂的诗歌。

没有诗歌，我们的生活得寒碜到什么程度！

在美景前，我们只能“啊——”，最多说出“啊，长江，你怎么这么长呢”。

在爱人前，我们只能“嗯——”，说不出一句表达自己甜蜜心思的话语。

说实话，学生读不懂古诗词，不仅普遍，而且正常。整个古诗词赖以生存的语言标记方式变化了，情感也就不好理解了。这话说得有点抽象，举例解释一下。

很多人对古诗词都有一个刻板的审美心理，比如，送别最好在南浦，离家在外住驿站。但现在，一方面高铁和宾馆还没有成为新的表达情感的审美对象，人们不可能把“高铁”“宾馆”写入诗中，这就叫“语言标记方式”产生变化。另一方面，朝发朝至的便捷交通，人与人之间分别时的情感，以及入住在星级酒店的情感，惆怅感、凄凉感可能会大大减弱，甚至还会有相反的感受。在这种情况下，古诗词就不得不慢慢变成文化博物馆里的回忆了。

除了语言标记方式产生变化，让我们读不懂古诗词还有一方面就是诗歌的私人化。因为其对象的单一性，彼此理解，省略了大量背景知识。但我们对当时的背景不了解，所以很难走进作者的心灵和古诗词的语言。

走进作者的心灵就是对远离现实的古人多一份人文关怀，关注其文字背后鲜活的内心世界，产生同情、喜爱、崇敬、共鸣等形式上的心灵沟通。走进诗词的语言就是让诗词语言充分撞击我们的心灵，我们在内心对诗词语言进行充分的体验，产生丰富的内在语言，“悟”得古诗词语言要表达的“真意”，使诗词内容成为自己的“内在生命”。

一、走进古诗词作者的心灵

我从两个方面来谈这个问题。

1. 多一点人文关怀

其实古人写诗写词和今天你写QQ签名、写日志等有相同之处，都是真实情感的流露，是“自由文学”，不拿稿费，不求利禄。同时，中国古诗词的最大特点是“蕴藉”，就是含蓄而不显露。它是一种情的艺术，需要用心去读，需要走进诗人心里，才知道他要表达什么意思。

比如王安石写的《梅花》，小的时候我们会觉得也不过就是写梅花迎着雪开了，梅花很坚强。当我们的生活阅历增加了，再想想“凌寒”“暗香”等，就会想到诗人可能在通过对梅花不畏严寒的高洁品性的赞赏，暗示其坚强高洁的人格。进而想到作者在北宋极端复杂和艰难的局势下，积极改革，却得不到支持，其孤独的心态和艰难的处境。

文学是一种情学、人学，诗尤甚。对于古代诗人，我们不能像关心朋友那样去关心他们，不关心他们的荣辱得失，不试图了解他们的感情、境遇，对他们看似“无厘头”的诗句缺少人文宽容和关怀。这让我们常常看不懂诗歌。我说看不懂诗歌很普遍，不是妄言。2011年安徽高考第一天下午，我在安徽大学的阅卷现场参与试批和制定评分细则，那一年的古诗选的是欧阳修的《琅琊溪》，一看到注释中有“被贬”字样，很多考生就连诗也不放在眼里了，直接思维定式地去写欧阳修被贬的苦闷，甚至还扯出什么渴望朝廷重新任用自己之类风马牛不相及的答案。

所以，我的第一条建议是，读古诗词时，试着对写古诗词的“人”，多一些人文关怀。

2. 了解文人复杂的内心世界

由于特殊的时代背景和历史原因，中国古代文人有其特殊的成功观，不把自己诗词创作的成就当作人生价值实现的方式。他们渴望出仕、济世，建功立业。正如他们的作品一样，他们表达自己的意思的方式也不是直接的，而是含蓄的、迂回的。

我把中国古代文人的特点概括为三点：穷酸与清高并存、可怜与可爱一体、自恋与自卑交替。他们中的很多人往往呈现出这样的状况：没当官的想有官职，有官职的想居高位，居高位多不胜其职，被贬则满腹牢骚。于是说自己如何不愿与世俗同流合污，如何报国无门，为何有才能而不遇贤主，如何粪土王侯，如何发誓隐居……

李白虽有“安能摧眉折腰事权贵，使我不得开心颜”的洒脱，但离开长安以后，仍难以避免“昔日长安醉花柳，五侯七贵共杯酒”炫耀的俗气；孟浩然用“欲济无舟楫，端居耻圣明”来表达求人推荐的愿望，在求官不得后也有“不才明主弃，多病故人疏”的抱怨；杜甫有“碧海真难涉，青云不可梯”的无助，也有“名岂文章著，官应老病休”的牢骚……

读诗时不要把作者看成一个“平面纸人”，要立体地、多角度地看待他们。他们写“马”、写“剑”、写“松”、写“石”，其实都是在写自己。说甘心时正是不甘心，说不在意时正是在意，强调自己非常开心时正欲流泪，强调自己完全忘记世俗、完全清心寡欲时正烦躁不安、愤愤不平……关注了诗人文字背后的思绪，关注了他们文字背后复杂的灵魂，才不会单一地、机械地、不得要领地去理解一首诗。

二、走进古诗词的语言

对于古诗词鉴赏，我有一个“泡茶”的理论。干茶叶有打卷、瘦小、颜色暗等特点，想看出茶叶的真面目，那就只能放到一杯白开水里泡，泡开了才能看到茶叶舒展开来的颜色和全貌，才能对这个茶叶进行品鉴、分析、写评语。中国的古诗词就像茶叶，有含蓄、蕴藉、讲究形式等特点，是打着卷的，需要读者用自己的一杯白开水来把它“泡开”。在长期的考试教育背景下，学生普遍缺少一杯白开水，他们也不觉得要有一杯白开水的必要，上了高三仍停留在小学背答案的阶段，一看见写景的诗中有山有水的，就说是抒发了作者对祖国大好河山的热爱；一看到送别的诗，就说是表现了对朋友的依依惜别之情；一看到诗人被贬就说是报国无门的愤慨。认为古诗词根本不需要怎么看、怎么品味。

我觉得读者的这杯“白开水”一定要具备以下几个方面的能力才能将诗歌完全读懂。

1. 知道古诗词中有一个“新世界”

古诗词里有一个全新的世界，有时是非现实的。很多意象遵循文学的约定俗成原则，往往不合乎生活逻辑。

比如在中国古代诗词里，东南西北风似乎都是被约定好的，“东风”指春天，“南风”指夏天，“西风”指秋天，“北风”指冬天，我们读古诗时，看到“儿童散学归来早，忙趁东风放纸鸢”就知道是在春天放风筝。但在实际生活中，春天也有可能刮的是南风或西风。再比如很多梅花在春天开放，但古诗词里的梅花永远在寒冬腊月、大雪纷飞时“凌寒独自开”。所以我们不能用生活思维来想诗词的内容。

比如，古代有很多诗词写到“凭栏”“倚栏”“凭阑”等词，这些词的大意为“依靠着栏杆站着”，这个动作往往表示怀远、或表示凭吊、或表示抑郁愁苦、或表示慷慨激昂，不一定真地站在阳台上，取其意而不取其实。

记得有一次给学生讲《声声慢》，一个女生说，感觉李清照居住的环境还挺不错的，景观好，抬头就看到大雁飞过，低头就是满院的菊花，院子里还种着高大的梧桐树。李清照的家当然不一定真的有这些呀，她只是借这几个意象来表现内心的“戚戚惨惨凄凄”，不能当真。

当诗人不能回家时，天地万物都“配合”得很好：抬头望月亮，低头看红花，长亭有归鸦，西楼柳发芽，雨点一阵阵，笛声催白发，鸿雁不传书，长安有雪花，水边有横舟，驿站无车马，西风浮云遮望眼，泪水和梦哗啦啦……明白了这一点，在读一首诗或词时就不会那么“认死理儿”了——从生活思维来看，文学往往是“无理”的。

同时，还要知道诗歌意象的形成有一个文化认同过程，很多是长期形成的。比如“柳”代表离别，王维要送元二了，一出门就能看见“客舍青青柳色新”，很多学生问我，玫瑰花、鸽子，难道古时没有吗？有，但玫瑰花不能代表爱情，因为古时未得到认同，鸽子也不能像鸿雁那样在诗中浪漫地“传书”。

2. 古代文化常识

为了应对应试教育，学生除了书本和考试卷上的，整个语文学习历程中读过的诗太少了，知道的相关文化常识自然也很少。比如驿站、登高、冬至、黄花、浮云、白头、渺然、醴泉、洛阳、长安等蕴含什么意思，学生不全明白。很多学生坦言，看到诗中的“白头”，就认为真的是“头发白了”。

一次一个学生读了李清照的词《点绛唇》时，就问“怎么知道来的人是个帅哥”？显然学生对“却把青梅嗅”中“青梅”的意象蕴含不熟悉。如果他知道“青梅”在古诗词中是指少女情怀的话就好理解了。

再如“荷叶罗裙一色裁，芙蓉向脸两边开”为什么就能写出采莲女子的漂亮？因为古诗里写美人似乎都不约而同地遵循着“写人不及肉”的习惯，就是通过写周围美景或女子的服饰等来表现她的美。没有这些常识，有时自然觉得“匪夷所思”。

3. 联想和想象能力

由于古诗词是非常讲究蕴藉的，几乎每一句都是微型蒙太奇，中间必然得有读者的想象力来搭桥。因此，培养学生的想象能力也显得非常重要。举几个例子来说一下。“胡琴琵琶与羌笛”总不能指挂在营帐里的三种乐器吧，你得发挥自己的想象力“听”到各种乐器鸣奏送别场面的伤感和凄惨。“孤帆远影碧空尽，惟见长江天际流”“山回路转不见君，雪上空留马行处”等诗句不仅写出了送别的场面，还要看到诗人的形象，当朋友走远了，他们还在那里伫立着，面色凝重，内心惆怅，看着那涌入天际的江水、那延伸到无尽远方的马蹄印，我们还要更进一步看出那江水、那马蹄不正是诗人的愁绪在翻滚，被拉长吗？

走进诗人的心灵，走进诗歌的语言，才能培养古诗词鉴赏能力。缺少这两个前提，古诗词鉴赏的过程就会沦为做题、找答案的过程，久而久之，就会对古诗词缺少兴趣和感情。

三、一节诗词鉴赏课的课堂实录

师：上节课从几个方面向大家介绍了我的“泡诗”理论，本节课我们来一起践行一下这个理论。我们通过一个例子来感受一下。大家来看一首词。

《梦江南》

梳洗罢，
独倚望江楼。
过尽千帆皆不是，
斜晖脉脉水悠悠。
肠断白蘋洲。

师：我们一起读读。

（生齐读。）

师：这首词听过没？

生：听过。温庭筠（学生发“均”音）的。

师：温庭筠，这个字多音，我觉得应该读“yún”，意思是院子里的竹子，取胸有成竹之意。（板书作者）他是晚唐诗人，声明一下，性别——男。（学生笑）那简单地说，这首词写了一件什么事？

生：等人。

师：很好，而且是“独倚”地等待，谁等谁？

生：一个女的等一个男的。（学生大笑）

师：有眼光。从哪里可以看出来是一个女的在等？

生：从“梳洗”可以看出来。

师：你的意思古代男人不“梳”不“洗”？（学生笑）

生：可能女性的这个动作比较典型吧？

师：很好，妇女的特有的动作，中国诗词和中国文化都特别讲究“悟”，有没有同学从其他地方“悟”出是一个女的在等？

生：从“脉脉”可以看出，像女子的眼光；从“悠悠”也可以看出，像女子的感受。如果是男子，有点“娘”。（学生大笑）

师：说得好，“脉脉”是什么意思？相视含情的样子，多用来寄托情思。

生：从“肠断”可以看出，一般是女子的感受，男人心狠，（学生笑）一般不会有这种感受。

师：很难得，古诗词鉴赏就需要这样一种能力，因为中国古典诗词最大的特点就是“蕴藉”，如果只能看到字面的意思，那诗歌就没意思了。那她在等谁？

生：男朋友。

生：丈夫。

生：亲人。

生：总之是她想念的人。（学生笑）

师：噢，你说得很保险，是算命的术语。（学生笑）那大家想象一下，哪一种可能性大呢？

生：我觉得不是男朋友。

师：哦，你用排除法了（笑），何以见得？

生：老师，还是你说的。（学生笑）

师：哦？我的话还能区分人未婚还是已婚？（学生笑）

生：因为你说过，古代青年婚前基本上是没有恋爱的。（笑）我还没说完呢，你还说过个别有的，也是在一些不正常的场合和不正常的人，比如春（极不自然的发音）楼上。（学生大笑）

师：（作尴尬状）：嗯嗯，我是说过……（以手作枪状）你——知道得太多了！（学生大笑）好，他依据我的话排除了一个，这个很有道理，我赞成（学生笑）。再说了，古时的女子若真有一个男朋友，女子也不可能在自己家等他等到下午的，因为小伙子下午跑到女朋友家楼下，大概是要找打的。那是她什么人呢？

生：丈夫！

师：噢，认同这一点的同学很多了。你来说说，为什么？

生：反正不像其他人。（笑）

师：其实这还有个文化背景，古代出门的当然多是男子，那等人的就多是女子了。而且从"斜晖脉脉水悠悠"看，感情很深，又不太像普通的感情，既然恋爱的极少，那就应该是她丈夫。

（学生表示赞同。）

师：不过，我还想问她丈夫上哪儿去了？

（全班静下来。）

生：这个看不出来吧？

师：我们这节课就是要泡诗的，我不是说了吗，泡诗就像泡茶，茶叶在这里，你得有一杯开水呀，这开水也包含想象力呀，那你就再大胆想象一下。

生：我想不出来。

师：那我们再用排除法。出差去了、经商去了、做官去了、旅游去了？（学生笑）

生：都不像。

师：为什么？

生：如果是有规律地外出，比如做官的是十旬休假，那就没必要傻等。（学生笑）

师：好，我们先看看诗的相关内容，然后再猜猜。大家先看诗中主人公的这个"梳洗"，除了是女子特有的动作外，还能想到什么？

生：女子是精心打扮之后来等丈夫。

师：很好。李清照词中有一句"日晚倦梳头"，还有一句"起来慵自梳头"说的是男子出门以后，女无悦己者，无心打扮。《诗经》中也有"自伯之东，首如飞蓬，其无膏沐，谁适为容"。而这个女子精心打扮，应是充满希望。

师：再看女主人公是怎样等的？

生："独倚"。

师：这两个字大家能想到什么？

生：“独”字让人想象到主人公内心的孤独和伤感。

师：“倚”字呢？

生：女子又没有把握丈夫能回来。

师：对，不太有把握。而且让人想象也许天天如此。看来丈夫不是刚出门。

生：肯定不是。

师：怎么这么确定？

生：如果是丈夫刚出门，就想成这个样子，太矫情了吧？（学生大笑）那就太假了。

师：这个你得说清楚：什么样子，怎么矫情了？（学生笑）

生：都“肠断”了！

师：“肠断”什么意思？

生：就是肠子断了（学生笑），就是形容非常思念非常伤心。

师：说得很好。在古诗词中，“肠断”多指极度悲苦。大家再想那悠悠的江水仅仅是指江水吗？

生：还指她内心的愁绪。

师：对。古诗词中以水喻愁绪很常见。如“恰如一江春水向东流”“唯见长江天际流”“一怀愁绪随流水”“抽刀断水水更流”“迢迢不断如春水”等等，都是借流水来写愁绪的。大家再看看，女子等了多长时间？

生：从早上一直等到傍晚。

师：从哪里可以看得出从早上一直等到傍晚？

生：“梳洗罢”和“斜晖脉脉”。

师：大家看得很认真呀。是呀，她精心打扮，“春日凝妆上翠楼”，从早等到晚，“误几回，天际识归舟”，一次次地充满希望，又一次次地失望。夕阳西下，江水依旧，上千只船儿已过，但仍不见心上人归来，她内心失落，几近绝望。而且“脉脉”一词会让大家想到什么？

生：含情脉脉！

师：这么整齐。暗示什么？

生：借写斜晖来写女子，表现她对丈夫的深情。

师：被你说完了，我啥也不说了。来，把这最后一句大家一起再读一下。

生：肠断白蘋洲。

师：我还有个疑问。这“白蘋洲”是什么地方？为什么写“白蘋洲”？

生：以前书上有个课后注释。

师：你记得真清楚，怎么注的？

生：不记得了。（笑）

师：你这属于选择性记忆。我记得（学生笑），写的是“长满了白色蘋花的小洲”。这可能是什么地方？

生：当年约会的地方。

师：想象丰富呀。

生：夫妻饭后散步的地方。

师：更丰富。眨眼间就结婚了。（笑）

生：分别的地方。

师：你最坏，一下给人家搞分别了。（笑）

我觉得这些都有可能。当等了一天还等不到心上人时，只能看着这个留满美好记忆的地方——江中的白蘋洲，那白色的花依旧，但心上人却杳无音信，自己只能断肠于此。我们继续回到刚才那个问题上，她丈夫到底去了哪儿才会让她如此思念、伤心欲绝呢?

生：打仗吧?

师：有可能。

生：也有可能是服徭役。

师：这和我刚才猜测的经商、做官、旅游都不一样了。反正不是什么常态的事，好像也不是什么好事，这样想女主人公更让人觉得可怜。而且，温庭筠是晚唐词人，晚唐战乱不断……哎呀，她丈夫也许永远不会回来了，我想起一句“可怜无定河边骨，犹是春闺梦里人”，呵呵，我，想得太多了（学生笑）。所以我们看到，这诗表面上写“思妇”，实际上可能反映了深刻的社会问题。我们再来读一遍感受一下。

（生齐读。）

师：大家看，我们愣是把一个写“等人”的小事的词“泡”得如此丰富，甚至扯到深刻社会问题上去了。大家觉得这样是不是有点“扯”？

生：不扯！（异口同声）

师：你们有点信了，难得呀。我上课说过，古诗词鉴赏如同“泡茶”，只有用心去“泡”，才能看到鲜茶叶的全貌，才能真正走进一首诗。但这节课里有很多想法，可能带有主观想象，我们的这些想法是不是合理呢，大家还可以再想一想，反复读读这首诗，再“泡”一“泡”。

第四节

怎样理解“虚实结合”

我要先说明一点，“虚实结合”不是古代诗歌所独有的艺术手法，在其他艺术形式里也有。比如绘画，中国古代有两个很有名的例子。一个叫“踏花归来马蹄香”，既没有画花，也没有画马，只画了一个马的雄健的后蹄，画了一只蜜蜂和一只蝴蝶在马蹄边飞舞。我们却能感受到一匹矫健的骏马，刚从那茫茫的草原上奔驰而过，那草原上芳草鲜美，鲜花遍地。还有一个叫“深山藏古寺”，既没画山，也没画寺，只画了一个小和尚提一桶水，身后是几个向上的台阶。但我们能想象到深山中有一座古寺。的确，画出来的山就不“深”了，画出寺来，就谈不上“藏”了。这就叫“虚实结合”。

古诗里的“虚实结合”，多指把眼前景物事物的描写与回忆、想象结合起来。实际上包含两个方面意思：一个虚实，一个结合。“虚实”很好理解，所谓“眼见为实，心想为虚”。“结合”值得注意，二者集于一点，相辅相生。虚实结合的主要作用有两条：一条是丰富画面的内涵，一条是激发读者的想象。来举一个例子：

琴台

杜甫

茂陵多病后，　　尚爱卓文君。
酒肆人间世，　　琴台日暮云。
野花留宝靥，　　蔓草见罗裙。

归凤求凰意，　　寥寥不复闻。

大家判断一下，第三联，实写了什么？虚写了什么？怎么结合的？

显然，诗中的“野花”“蔓草”是眼前景，是实写；“宝靥”“罗裙”是指卓文君的笑脸和身影，是虚写。诗人凭吊司马相如遗迹琴台，产生联想：看到琴台旁美丽的野花，仿佛看到了卓文君当年迷人的笑脸；一丛丛嫩绿的蔓草，仿佛看到了卓文君昔日美丽的身影。通过眼前之景再现卓文君光彩照人的形象，当然也再现了司马相如的风采，让人想象当年他们在这里的幸福生活。虚和实浑然一体，构成动人的画面，让读者浮想联翩。

不过，很多诗有虚有实，但不一定虚实结合，结合必须像刚才这首诗一样，有联系“虚”“实”二境之物。中学语文教学里有很多术语，很多学生容易受影响形成一种对术语的刻板认识，以为有虚有实就是虚实结合，就像以为有动有静就是动静结合，或是以动衬静。

举例来说，柳永《雨霖铃》里“今宵酒醒何处？杨柳岸，晓风残月”，这是虚写，是作者想象分别之后的凄惨的景象，是人的情感的进一步加深，是对词的意境的进一步拓展。这首词前面实写，后面虚写，有虚有实，但最好不要用什么“虚实结合”笼统地去评价。试着来做一个小练习：

琅琊溪

欧阳修

空山雪消溪水涨，游客渡溪横古槎。

不知溪源来远近，但见流出山中花。

请从虚实结合的角度对诗中三、四两句进行赏析。

第五节

怎么看“乐景衬哀情”

有学生问：“在古诗词鉴赏中，老师有时说有什么样的景就有什么样的情，有时又说是以乐景衬哀情，怎么判断？”

举个例子来说，在生活中，别人和我们说话时，通过别人的表情、说话时的场景、对这个人的了解等来判断他是和你开玩笑还是和你说正经话。同样，“以乐景衬哀情”也是有条件的，也是有可以判断的标志的。如单看“春风又绿江南岸”没法判断这句是不是以乐景衬哀情，但后面还有“明月何时照我还”就可以判断出来了。同样，单看“江碧鸟逾白，山青花欲燃”无法判断，但后面这句“今春看又过，何日是归年”就是标志；单看“红了樱桃，绿了芭蕉”，也是没法判断，但结合前面“流光容易把人抛”就能分辨了；单看“桃花依旧笑春风”不能判断，结合前面那句“人面不知何处去”就能判断了。“无情最是台城柳，依旧烟笼十里堤”里有“无情”；“映阶碧草自春色，隔叶黄鹂空好音”中间有“自”和“空”两个字，所以也能看出来。

不过也有几种不太明显的“以乐衬哀”的情况要了解一下。

一种是需要了解诗词的语境，比如《长恨歌》里的“蜀江水碧蜀山青，圣主朝朝暮暮情”，这两句的背景是杨贵妃死后唐玄宗逃到蜀地时的心情。蜀地景虽美，无奈君王无心欣赏，景越美，心越伤。再比如

《十五从军征》中“兔从狗窦入，雉从梁上飞。中庭生旅谷，井上生旅葵”四句，这里描绘的是老兵回乡看到的自己家中的景象。所以动物和植物长得越好，越有生机，岂不越让人感觉到家不像家？岂不越让人内心伤感？

还有一种通过昔盛今衰发表感慨的，常用“以乐衬哀”的手法，不直接写出来，有时不好判断。比如刘禹锡的《乌衣巷》里的“朱雀桥边野草花，乌衣巷口夕阳斜。旧时王谢堂前燕，飞入寻常百姓家。”这里要关注景物背后的世事变迁，关注诗人深沉的感慨，景不伤而情伤。

还有像《琵琶行》中的“钿头银篦击节碎，血色罗裙翻酒污”，读来让人觉得场面非常热闹，但又让人难受。为什么会有这样的感受呢，这里的“血”字具有联想意义，为什么不说“红色罗裙”呢？“红”字是单纯的鲜艳和热烈，如果用“红”就没有了那种“凄惨”的效果了。诗人就是要在这种热闹里写出些凄惨来，这样能更好地为后文写琵琶女的凄凉作铺垫。诗句中的“碎”“污”也有这样的效果。

以乐衬哀是属于诗歌手法中的衬托，作用是“倍增其哀”，只要了解了以上几种，判断起来不难。来看孔尚任《桃花扇·哀江南》中一首曲子：

折桂令

问秦淮旧日窗寮，破纸迎风，坏槛当潮，目断魂消。当年粉黛，何处笙箫？罢灯船端阳不闹，收酒旗重九无聊。白鸟飘飘，绿水滔滔，嫩黄花有些蝶飞，新红叶无个人瞧。

“白鸟飘飘，绿水滔滔，嫩黄花有些蝶飞，新红叶无个人瞧”描写了什么样的景色？很明显是初秋生机勃勃的景色。这样的景色描写有什么作用呢？表达了因昔盛今衰引发的冷寂落寞之情。这是很典型的以乐景写哀情。

第六节

好小说的三个特点

小说是作者对社会生活进行艺术概括，通过叙述人的语言来描绘生活事件，塑造人物形象，展示作品主题，表达作者思想情感，从而艺术地反映和表现社会生活的一种文学体裁。小说那么多，我们阅读的时间又非常有限，当然要读好小说。不过问题来了，什么叫“好小说”？很多同学不能判断，我觉得好小说大体有以下三点共性。

一、表现复杂情感

不同的文学样式所表现的情感是不同的，一般来说，诗与散文所表达的情感是单一的，自我的，静态的，表层的，而小说表现的情感往往是复杂的，复合的，动态的，潜意识的。举个例子，唐诗《寻隐者不遇》“松下问童子，言师采药去。只在此山中，云深不知处。”从表达的情感上来说是比较单一的，如果改写成散文说找个人没找到就没有什么意思了。如果写成小说，那差不多要闹笑话的，不伦不类。大家大多能接受并欣赏诗歌或散文的单一情感，而小说要表达的是复杂情感。中国古代才子佳人式的小说不懂得这个道理，宰相家女儿见到穷书生，没来由地就一见钟情、私定终身，情感单一而突兀，这是拙劣的小说。

复杂情感是深层次的，是有一定稳定性的，是需要通过外在情节的激荡或放到多个不同的人的情感网络之中才能显现出来的。比如《水浒传》中的武松打虎，既写出了武松作为英雄甚至说“超人”的一面，又写出了武松作为普通人的胆怯、平凡的一面，作者这样写就把武松在常规环境中隐藏得很深的心灵奥秘暴露出来了，就写出了人物的复杂情感。再比如《西游记》中三打白骨精是经典情节，它好在什么地方呢？因为在取经的路上，师徒四人大多时候是同心协力的，这虽然看着让人欣慰，但文章所表达的情感是单一的，人物没有性格，而且看多了就会使人疲倦。当白骨精出现时，通过外在情节的跌宕起伏和不同情感之间交织，把每个人的复杂的情感展现了出来，读者受到了相应的感染。唐僧觉得白骨精是个良家女子，猪八戒觉得她是个有姿色的女子，孙悟空看出白骨精是个妖精，把她打死了。唐僧觉得“泼猴”残忍，猪八戒一向受大师兄孙悟空欺负，有私心，就在一旁添油加醋，结果唐僧把孙悟空赶走了。于是在这个背景下人物的复杂情感就展现出来了，孙悟空作别师傅时的无奈、不舍和不满，唐僧先前的“狠心”和后来的自责悔恨等等，让我们跟着人物的情感或愤慨或感动，这样就有了阅读的情感参与。

还有一个方面能说明这个问题，好的小说中的人物语言一定是“口是心非”的，人物说出来的话和他心里想的不一样，而读者又能站在“第三方”明白他实际上的心思，比如《祝福》中祥林嫂问“我”：“一个人死了之后，究竟有没有魂灵的？”“我”心里实际上对有没有“毫不介意”，但“我”没有直接说，而是在想着“何必增加末路人的苦恼”，于是说“也许有罢”，但看到祥林嫂的反应，“我”很“吃惊”，又说“然而也未必”，等到祥林嫂问到死了的一家人能不能相见时，“我”才“胆怯起来”，然后又说“究竟有没有魂灵，我也说不清”。看似含糊不清的回答，其实是在表现“我”内心的情感，同时让读者感受祥林嫂情感的变化。如果“我”是斩钉截铁的“如实”回答，那就不是小说的人物语言了，因为难以表现人物的复杂情感。

二、超越生活理性

小说的结构发展成熟的标志是人物性格的描写，而这种性格的形成靠的是生活理性和文学逻辑的错位。生活理性主要体现在“实用”上，文学逻辑主要体现在作家个人化情感的表达上。从找对象的角度来说，贾宝玉似乎选择薛宝钗更理性，因为她更“实用”；但他偏偏选择了体弱多病且多愁善感的林黛玉，这就超越了现实超越了生活理性，作家选择了只属于他自己的文学逻辑。很多时候，作家还让小说的人物“执迷不悟”，他们追求的可能是“无用”的，他们的行为可能是“无理”的，但这样的人物才可能是有趣的、有吸引力的，才引发读者情感上的共鸣。

我读了《麦田守望者》，很感动。从生活理性上看，霍尔顿不是个好孩子，他不值得同情，但他这种有个性的逻辑思维形成了他独特的性格，读者因为理解，所以同情。小说里完全符合生活理性的人是很难打动人的，所以《西游记》里最不能打动人的就是沙僧，生活里大多数人喜欢的“懂事”的薛宝钗在《红楼梦》里是不受欢迎的。优秀的电影导演绝不会把电影拍得和生活一样，这不但不可能而且没必要，如果这样的话，大家根本就不要看电影，只要观察生活就行了。同样经典的小说绝不是要写得“像”生活，而是高于生活。

三、写出情节因果

我在给学生上小说阅读课时，一再提醒大家要能够区分故事和情节。一个高中生阅读经典小说的水平如何，关键看你是在读故事结局，还是在读小说情节。小孩子喜欢听故事，所以才不停地问“后来呢”。很多人越不过这道坎，一辈子都在读故事，而缺少对情节的欣赏能力。有的人看小说，刚翻几页就直接跳着看结局，想知道那个女主人公到底嫁给了谁。故事和情节的区别是什么？福斯特在《小说面面观》中有一个经典的比方：“‘国王死了，不久王后也死了’，便是故事；而‘国王死了，不久王后因伤心过度也死了’，则是情节。”这个说法可能是对小说情节的一种简化，可以作为理解小说的一个参照。

故事只是在告诉人们一个事实或结局，而情节则是讲究因果关系，其中常常有一个线索在维系。没有因果关系，只能叫故事不能叫小说。正如刚才我所说的，中国古代的才子佳人的小说是糟糕的小说。总是穷书生住在破庙里，隔壁不知为什么恰好住着宰相家，而且他家恰好有一个貌若仙子的“未曾许配”的女儿，见书生一眼就失去所有矜持，半夜翻墙来死皮赖脸要跟着书生，书生进京赶考必中状元，然后欢天喜地入洞房，没了。这为什么不算好小说呢，就是因为没有因果关系，没有情节，没有超出小孩子讲故事的水平。

优秀小说的作者擅长“隔年下种，待时而发”。人物相爱是有原因的，人物相残是能找到依据的。《林教头风雪山神庙》里买的尖刀，到最后是要出场的，如果前面不交代，冷不丁就掏出尖刀来，不好向读者解释，酒葫芦、买酒路上的破庙、堵门的大石头，都是有前后联系的。岂止是情节，小说里的人物都不是随便长的，要根据需要。所以说王熙凤“一双丹凤三角眼，两弯柳叶吊梢眉”，既写出了她的“美”，也写出了她的威严和歹毒。她的长相和情节有关。情节是为人物服务的，有时故事的最终结局并不重要。有人看小说最后不写明白很着急，我上课就有学生问我《项链》写到知道项链是假的为什么就不写了呢？我就告诉他因为情节已经写完了，人物的性格已经很突出了，再往下写就不是情节了，就是故事了。

当然，好小说还有很多特征，我这里

只是讲了几条基本的。写出人物的复杂情感，把握小说的文学逻辑，交代小说情节的因果：这样的小说不会太差。

第七节

什么叫文学的克制

中国人认为人生中最美好的境界莫过于“花未开时月未圆”。月圆了就要亏了，花开了也就要谢了，这让人想着就不美好了。所以人生中最美的时刻是快要接近完美的时刻。文学作品也是这样，笔法上要克制，不克制就会让人觉得“技止此尔”，不过如此。

打个比方，讲笑话的人是不能笑的。笑了，笑话的效果就会大打折扣。你要仿佛置身所讲述的笑话之外，冷静叙述，让别人笑得前仰后合的。

这种笔法上的克制，在鲁迅作品里表现得比较明显。

如《记念刘和珍君》有这样一段：

“……中弹了，从背部入，斜穿心肺，已是致命的创伤，只是没有便死。同去的张静淑君想扶起她，中了四弹，其一是手枪，立仆；同去的杨德群君又想去扶起她，也被击，弹从左肩入，穿胸偏右出，也立仆。但她还能坐起来，一个兵在她头部及胸部猛击两棍，于是死掉了。”

我们看一下，鲁迅先生岂止是“冷静”？近乎“冷酷”。

但这种克制后的冷静，表现了作者超乎寻常的清醒，更表现了作者满腔的愤怒。

这些词语都有作者写作的用意：“从

背部入，斜穿心肺”“中了四弹，其一是手枪”“弹从左肩入，空胸偏右出”“猛击两棍”等。

为什么这样写？

比如什么情况下子弹从‘背部’入？据说战场上收尸，有个规则：凡是伤在前的，算是烈士、英雄；伤在后的，算是逃兵。女学生中的弹在背部，说明学生已经转身。手无寸铁的女学生，能有多大的胆子，听到往天上放的枪声，甚至看到执枪的“兵”也就吓跑了。说明她们不是和“兵”面对面对抗的，她们对“兵”是没有威胁的，他们不是“暴徒”，没有对抗，但她们还是被杀害了。

什么情况下“弹从左肩入，穿胸偏右出”？一定是在近距离，一定是从上往下斜射，学生已经坐在地上了，没有抵抗和逃跑能力了，在这种情况下，“兵”踢她、踹她，甚至恐吓她，都能控制他们，但“兵”还是不放过她们，就是要置她们于死地。

“四弹”，特意交代数字，来表现杀人者的丧心病狂，用数字作为他们的自我控诉材料。连“其一是手枪”也要交代一下，这件事发生在1926年，那时普通士兵用的是“盒子枪”，只有军官才能用“手枪”。这样的描写是为了表明，这次活动有军官参与，是一场有预谋的行为。

这种冷静的“证词式”写法，既让大家明白了到底谁是“暴徒”，也用事实反驳了反动文人的无耻言论，而作者在冷峻的细节描写中表达了无比强烈的感情，也就更容易激发读者的激愤之情。

《项脊轩志》中有一段关于回忆的语言描写也是这样。

从字面看，归有光对已经逝去的妻子几乎没有什么感情，写得非常克制。比如先用“后五年，吾妻来归”来交代妻子嫁入，后面用“其后六年，吾妻死”交代妻子去世。没有一句用类似“泣”“长号”等表达悲伤的词，甚至连一个表达情感的词也没有。但回忆中的两处细节大有玄机。

第一处“时至轩中，从余问古事，或凭几学书”。按理说妻子应该不常进入书房的，她却是“时至”，妻子对“古事”和“书”应该是不感兴趣的，她却是“问”“学”。其实这里的关键是“从余”，读者很容易从作者冷静的叙述中看出，妻子喜欢着丈夫喜欢的东西，非常含蓄地表现了归有光和妻子两情相悦，夫妻融洽。

第二处“吾妻归宁，述诸小妹之语”，读者也从作者的冷静中看出不冷静来。妻子回来转述家里小妹的话，说明她和丈夫无话不谈，很能表现出妻子从娘家回来的亲密和愉悦。

这两个对典型的琐事的回忆与妻子的死形成强烈的对比，表现的恰是真情和悲情。而在“吾妻死”后作者写“室坏不修”，这样就引发了读者的想象：作者因为心情黯然，妻子不在，没有心思。这实际上已经表达了作者对妻子的思念之情。结尾把这种感情推到顶点。“庭有枇杷树，吾妻死之年所手植也，今已亭亭如盖矣。”这里不单是睹物思人，更重要的是树的生机带来的时间的变化，让作者更加悲伤，还有树的生机勾起了作者对已死去的人的加倍思念和伤感，余味悠长，真乃妙笔。

不着情语，却情溢满文，这就是“文学的克制”。如果作者直接抒情，就很难收到此种效果。

在很多文学作品中，作者为了表现自己内心的悲伤和痛苦常有很多种写作手法，但有一种特别有效，那就是一定不能让人哭出来。一个哭出声的人内心的悲痛，我们会认为不过如此。

值得一提的是马尔克斯的《礼拜二午睡时刻》。一位母亲的儿子被人家当作小偷给打死了，她内心该有多么悲痛，但她没有哭，没有表情，马尔克斯写这位母亲时甚至基本上不用修饰性词语。她的语言简洁而冷静，连神父都红了脸。这种看似反常的表现，却让我们想象到她内心超出“巅峰值”的巨大痛苦，有特别感染人的力量。

文学作品中的这种现象，值得我们在阅读时关注。

第八节

文言文应怎样学习

提到文言文，很多人便望而生畏。其实掌握了学习的要领，把握住了文言文的“脉”，对文言文的学习很容易有所提高。具体来说，文言文的学习，需要掌握以下三种关系。

一、“死”和“活”的关系

如果说文言文的学习有秘诀的话，那首要的一条就是“先死后活，死去活来”。这里的“死”主要包括两个方面：一个是必要的读和背，一个是必要的分类整理。因为语言环境的缺失，现代人的文言文语感的形成是要靠反复阅读的。在必要的“死”之前，谈不上技巧。有的学生觉得文言文难，是因为从初中到高中，实际上只学过几十篇文言文，其中大部分只停留在听老师简单翻译的层面，走马观花。教材中的文言文比例本来就少，所以学生需要扩大阅读的量，建议读读《聊斋志异》和《世说新语》，故事性强，容易读得下去，《三国演义》也可以，总之先读一些浅易的，然后再逐渐提高难度。还有早读课时，把那些最经典的篇目都背下来，经典文言文，有必要抄读。语感是内隐性的，在反复地读和背中形成。

整理和分类包括哪些呢？一方面是高中教材里的重要的实词。高中教材里学过的实词，往往是最典范的，最常见的，而且是最容易掌握的。这些实词，通过整理，能强化记忆。实词整理300个，每个配上两三个例句，另一方面是教材中的虚词，也做好分类识记。18个虚词，每个字有哪几个常见的义项，每个义项也举出两三个例句。尤其是高中教材上那些“独一无二”的虚词的例句，要整理在笔记本上反复记。还有文言文中常见的句式，只要稍作整理，很容易记住的。

这样就打好了文言底子，阅读文言文就很轻松了，就有了“活”的感觉，甚至可以达到看文言文和看现代文一样的效果，做题自然也就轻松了。本文后另附了整理好的“文言常考虚词100例”。

为了方便了解现代汉语和文言文的联系，本文后附了整理好的“成语中的文言现象”，同学们可以对照着学习一下。仔细看完我们会发现，现代汉语何曾和文言文划清界限呢。没有基本的文言文知识，恐怕很多现代汉语现象理解起来也会吃力的。

二、“记”和“悟”的关系

以前人们常说文言文中最大的特点是以单音节词为主，我觉得这只是其外在表现。还有一个特点更值得注意，文言文中的词语在长期的流传中，呈现出开放和包容的特点，它的意思是动态的，能根据环境灵活变化的，像水一样，流到哪里都和那个地方融合到一起。比如“妄”字，根据语境的不同，它就有“寻常、轻易、随便、胡乱、过分、荒唐”等意思，需要根据不同的语境判断词义。而且文言文中词语义项的变化，不像互联网上的许多词以一种不可思议的跳跃方式衍生出新意思。文言文中的词语各个义项间是“万变不离其宗”的，我们总能找到它“变化”的轨迹。比如“被”字，在文言文中常见的义项有“被子”“覆盖”“遭受”“被动”四种，你仔细看，它后面的三种意思，就是由它的本义“被子”逐渐引申出来，被子很大，由此引申出“覆盖”或“遍及”，再引出“遭受”，因为“遭受”都是人们不愿意的，是被动的，所以又引申出作为介词“被”的意思。学习文言文不能不明白文言文中的词语的这个特点，要是总是实心眼地记住一个封闭的意思，那就是有点按现代汉语的方式来学习文言文了。相比之下，现代汉语中的词语以双音节词为主，大多数词在形成过程中已经被重新组合和固定了一次。词义相对固定。

鉴于以上的原因，学习文言文在“记”的基础上，还要努力培养“悟”的能力，增强关注语境、推断词义的意识。比如“就”这个词，在“三径就荒”中可以解释为本义“靠近、接近”，但如果是在“还来就菊花”中只能意译成“欣赏”了，在“金就砺则利”中是“打磨”的意思，在“就车而去”中译意为“登上”的意思，而在“向东就妻子”中的“就”是“团聚”的意思，在“驾轻就熟”这个成语中，大概相当于“走在”了。这是本义与引申义的关系。

另外文言文还有一些别的特点，也给

“悟”提供了方便。根据单音节词为主的特点，看到像“于是”“卑鄙”“非礼”等词能够想到可能是两个词，从而推断它们的意思；根据其并列同义的特点，看到像“委弃”“幼冲”“羞赧”等词能够想到它们是同义词，从而推断出“委”“冲”“赧”的意思；根据其短语结构对称或互文的特点，看到像“怨天尤人”“兵连祸结”等词，能够根据并列结构短语的特点推断出“尤”“兵”的意思；根据其“状中式”较多的情况，推断“云集响应”“猿挂蛇行”“一狼儿啼”中“云”“响”“蛇”“猿”“儿”的意思。

为了让大家印象深刻，我们来试着看一段文字：

晋平公梦见赤熊窥屏，恶之而有疾，使问子产。子产曰：“昔共工之卿曰浮游，既败于颛顼，自没沉淮之渊。其色赤，其言善笑，其行善顾，其状如熊，常为祟。见之堂则王天下者死，见之堂下则邦人骇，见之门则近臣忧，见之庭则无伤。今窥君之屏，病而无伤，祭颛顼、共工，则瘳。”公如其言而病间。

我们单看这段后面的几个词“无伤”“则瘳”“病间”，这三个词在文中的意思多数同学应该没有背过，但很容易通过语境推断出来：“无伤”就是“没有影响”，“则瘳”和“病间”就是“病就好了”。

很多时候，文言文读得顺畅，不是因为你“记”的能力强，而是你“悟”的能力强。当然在考试中，有些题目本身也给“悟”提供了可能，如实词选择题，一定要首先怀疑和现代汉语意思一样的那个选项。因为该题考查文言实词，如果解释出来和现代汉语一样，就不能叫“文言实词”。

三、“读”和“写”的关系

在阅读文言文的过程中，人名、地名、官职名等专有名词，和游记中的一些文学性表达，即使不能精确地用现代汉语替换或者不理解也不影响做题，可直接跳过。人物传记，还要了解其“碎片式”记录的特点，即三言两语写一事，表现人物某方面的特点，然后迅速转入下一件事，写下一特点。

“写”主要体现在翻译题里。在考试时一定要先找到“点”，并圈出。有些考生整个句子的大意译出了，却巧妙地避开了所有的得分点。看懂了却不能得分，实在遗憾，这与复习时没有养成良好习惯有关。尤其是看起来特别容易的翻译，更容易忽视得分点。这些“点”多为重要实词、虚词、句式。

附 1：

成语中的文言现象

（一）一词多义

兵　短兵相接　哀兵必胜

兵贵神速　兵连祸结

纸上谈兵　残兵败将

绝　韦（皮革）编三绝

深恶痛绝　风华绝代

赞不绝口　拍案叫绝

因　因地制宜　因祸得福

前因后果　陈陈相因

（二）古今异义

走马观花　走

赴汤蹈火　汤

痛哭流涕　涕

扬长而去　去

（三）通假现象

图穷匕见　博闻强识　再接再厉

华而不实　厉兵秣马　一暴十寒

（四）词类活用

1. 名词作动词

不翼而飞　不情之请　衣锦还乡

不胫而走　不毛之地　华而不实

密云不雨　莫名其妙　先礼后兵

2. 名词作状语

风餐露宿　南征北战　车载斗量

蜂拥而来　大江东去　日新月异

蒸蒸日上　狼吞虎咽　抱头鼠窜

金榜题名　虎口余生　上知天文

夕阳西下　风雨飘摇　朝不谋夕

3. 形容词作名词

扶老携幼　因小失大　披坚执锐

吐故纳新　绿肥红瘦　驾轻就熟

忆苦思甜　摧枯拉朽　除旧布新

推贤让能　欺软怕硬　取长补短

4. 使动用法

完璧归赵　威武不屈　望梅止渴

祸国殃民　丧权辱国　惊天动地

汗牛充栋　独善其身　劳民伤财

沉鱼落雁　闭月羞花　大快人心

息事宁人　涸泽而渔　富国强兵

5. 意动用法

鱼肉百姓　幸灾乐祸　草菅人命

不耻下问　不远千里　幕天席地

人贵有自知之明

（五）文言句式

判断句

人非圣贤，孰能无过

识时务者为俊杰

冰冻三尺，非一日之寒

人为刀俎，我为鱼肉

四海之内皆兄弟

天下乌鸦一般黑

被动句

动辄得咎　为人耻笑

见笑大方　弱肉强食

倒装句

溃于蚁穴　何罪之有

嗤之以鼻　唯利是图

夜以继日　始于足下

持之以恒　问道于盲

省略句

逐鹿中原　笑傲江湖　名落孙山

鹤立鸡群　名扬天下

（六）缩写句

水能载舟，亦能覆舟——载舟覆舟

仁者见仁，智者见智——见仁见智

飞鸟尽，良弓藏——鸟尽弓藏

智者千虑，必有一失——千虑一失

山雨欲来风满楼——山雨欲来

瓜田不纳履，李下不正冠——瓜田李下

心有灵犀一点通——心有灵犀

画虎不成反类犬——画虎类犬

附 2:

文言常考虚词 100 例

1. 何妨吟啸且徐行
2. 且夫天地之间，物各有主
3. 且庸人尚羞之，况于将相乎?
4. 臣死且不避
5. 若属皆且为所虏 火且尽
6. 存者且偷生，死者长已矣
7. 天若有情天亦老
8. 若夫日出而林扉开
9. 若属皆且为所虏
10. 海内存知己，天涯若比邻
11. 徐公不若君之美也
12. 虞兮虞兮奈若何
13. 优劣得所
14. 当其欣于所遇
15. 若属皆且为所虏
16. 师者，所以传道受业解惑也
17. 此先汉所以兴隆也
18. 不足为外人道也
19. 天下熙熙，皆为利来
20. 谁为大王为此计者
21. 为天下笑者
22. 风雨兴焉
23. 复驾言兮焉求
24. 焉用亡郑以陪邻
25. 有茅屋十数家，遂造焉
26. 然郑亡，子亦有不利焉
27. 盘盘焉，囷囷焉
28. 以乱易整
29. 申之以孝悌之义
30. 武以始元六年春至京师
31. 不以物喜，不以己悲
32. 斧斤以时入山林
33. 夫夷以近，则游者众
34. 手自笔录，计日以还
35. 严大国之威以修敬也
36. 以其求思之深而无不在也
37. 木欣欣以向荣
38. 宫之奇以其族行
39. 自以为不如
40. 若舍郑以为东道主
41. 军中无以为乐
42. 何者?
43. 大王来何操?
44. 然则何时而乐耶
45. 吾何爱一牛
46. 青泥何盘盘
47. 肉食者谋之，又何间焉
48. 今日之事，何如?
49. 不然，藉何以至此
50. 日夜望将军至，岂敢反乎

51. 嗟乎！师道之不传也久矣

52. 苏子曰：“客亦知夫水与月乎？”

53. 郁乎苍苍

54. 胡为乎遑遑欲何之

55. 生乎吾前

56. 项伯者，项羽季父也

57. 二者不可得兼

58. 五十者可以衣帛矣

59. 马之千里者

60. 家祭无忘告乃翁

61. 乃入见

62. 度我至军中，公乃入

63. 问今是何世，乃不知有汉，无论魏晋

64. 当立者乃公子扶苏

65. 师劳力竭，远主备之，无乃不可乎

66. 此则岳阳楼之大观也

67. 既出，则或咎其欲出者

68. 于其身也，则耻师焉

69. 失其所与，不知

70. 吾与点也

71. 恐年岁之不吾与

72. 苏子与客泛舟游于赤壁之下

73. 秦伯说，与郑人盟

74. 访风景于崇阿

75. 于其身也，则耻师焉

76. 此非孟德之困于周郎者乎？

77. 皆以美于徐公

78. 业精于勤荒于嬉

79. 剑阁峥嵘而崔嵬

80. 图穷而匕首见

81. 弃甲曳兵而走

82. 青，取之于蓝，而青于蓝

83. 子曰：其恕乎，己所不欲，勿施于人

84. 吾其还也

85. 尔其无忘乃父之志

86. 其孰能讥之乎

87. 作师说以贻之

88. 之二虫又何知

89. 圣人之道

90. 师道之不传也久矣

91. 顷之

92. 马之千里者

93. 何陋之有

94. 黄鹤楼送孟浩然之广陵

95. 廉颇者，赵之良将也

96. 身死人手，为天下笑者，何也？

97. 师道之不传也久矣

98. 因人之力而敝之

99. 因击沛公于坐

100. 因宾客至蔺相如门谢罪

附3:

微型文言文

复述各个故事并翻译画线句子。

1. 放火三日

田登作郡，自讳其名。触者必怒，吏卒多被谤笞。于是举州皆谓灯为火。上元放灯，许人入州治游观。吏人遂书榜揭于市曰：“本州依例，放火三日。”

（宋·陆游《老学庵笔记》

2. 偷画

有白日入人家偷画者，方卷画出门，主人自外归。贼窘，持画而跪曰：“此小人家祖宗像也，穷极无赖，愿以易米数斗。”主人大笑，嗤其愚妄，挥叱之去，竟不取视。登堂，则所悬赵子昂画失矣。

（清·袁枚《子不语》）

3. 丧心语

宋吴伯举守姑苏，蔡京一见大喜，入相首荐其材，三迁中书舍人。后以忤京落职知扬州。客或有以为言者，京曰：“既做官，又要做好人，两者可得兼耶？”此真丧心病狂之语。

（清·梁绍壬《两般秋雨盦随笔》）

4. 吃醋

浙江转运张映玑，山东人，性宽和，善滑稽。一日出署，有妇人拦舆投呈，则告其夫之宠妾灭妻者也。公作杭语从容语之曰：“阿奶，我系盐务官职，并非地方有司，但管人家吃盐事，不管人家吃醋事也。”笑而善遣之。

（清·梁绍壬《两般秋雨盦随笔》）

5. 吮疽

吴起为魏将，攻中山。军人有病疽者，吴子自吮其脓。其母泣之。旁人曰：“将军于而子如是，尚何为泣？”对曰：“吴子吮此子父之创，而杀之于注水之战，战不旋踵而死；今又吮之，安知是子何战而死，是以哭之矣。”

（汉·刘向《说苑》卷六）

6. 囊萤映雪

车胤囊萤读书，孙康映雪读书。一日，康往拜胤，不遇。问何往，门者曰：“出外捉萤火虫去了。”已而胤答拜康，见康闲立庭中。问：“何不读书？”康曰：“我看今日这天不像个下雪的。”

（明·浮白主人《笑林·名读书》）

7. 豺咬杀鱼

则天禁屠颇切，吏人弊于蔬菜。娄师德为御史大夫，因使至于陕。厨人进肉，师德曰：“敕禁屠杀，何为有此？”厨人曰：“豺咬杀羊。”师德曰：“大解事豺。”乃食之。又进鲙，复问何为有此。厨人复曰：“豺咬杀鱼。”师德因大叱之：“智短汉，何不道是獭。”厨人即云是獭。师德亦为荐之。

（宋·李昉《太平广记》）

8 以饼拭手

太宗使宇文士及割肉，以饼拭手，帝屡目焉。士及佯为不悟，更徐拭而便啖之。

（唐·刘𫗧《隋唐嘉话》）

微型文言文分析

第九节

怎样为小说写批注

——以周海亮《老人与兵》为例

对于阅读题中的小说，需要精读，不能只单纯地做题。做题量的增加不一定带来阅读能力的提高。只有正确地理解，才可能准确地表达，读得正确、科学、专业，这是根本。

下面以小说《老人与兵》为例，通过这个阅读批注示例，也许可以从中看出我们在阅读时应该怎样读，关心些什么，应该怎样思考，从而提高阅读小说的“专业性”。

时近中午，一个日本兵拖着疲惫的身躯来到一座荒僻的村落。（兵一出场就被剥去了作为“兵”的光芒。）

兵的额头缠着纱布，纱布上血迹斑斑。（疲惫了，受伤了，是失去了本来面目的兵。）兵漫不经心地拎着步枪，寻找着可能有人烟的屋子。（写出了日军侵略给中国人带来的伤害。）终于有所发现，兵隔着窗户朝屋子里观望，木椅上坐着一位鬓髯花白的老人。老人如同一副骨架，宽大的皮肤披盖在身，然而目光与他相碰，却是铮铮有声。（老人失去了所有亲人，老人内心极度痛苦，“花白”与“骨架”二词正是他内心痛苦的外在表现。“铮铮有声”的目光是倔强的内心世界的写照，那眼睛里充满复仇的光芒，如果没有这个细节的描写，后文的复仇情节就会显得突兀。）兵敲门，推门，关门，将枪斜立墙角。兵低目垂手，又点头，冲老人温和地笑。（还很有礼貌——让人想不出一个兵的常态了。）兵说，您不要害怕。

老人说，我没有害怕。（亲人不在了，没家了，生不如死，还有什么“害怕”的呢。）

兵说，我是逃兵，从战场上逃过来的。我是在中国出生的，我有许多善良的中国朋友。我讨厌这场战争。（一连串的话，表明立场，试图沟通。）

老人说，战争是你们挑起来的。你们说这是解放，可是我们认为这是侵略。（点明两位主人公势不两立的关系。）

兵紧抿嘴唇，不置可否。屋子里很热，兵摘下头盔，脱下军装，露出胸膛。兵的腹部，围一条宽宽的布带。

女朋友送我的。兵笑笑说，围上它，子弹就射不进去。兵从口袋里翻出一张很小的照片给老人看。（让兵展现温情，老人内心的矛盾才更真切。）

家里就你一个人？兵问。（进一步沟通。）他们都死了。（呼应上文老人的出场形象，又照应下文兵的“不安”。）老人说，老伴儿、女儿、女婿和外孙死于空袭，儿子死在战场上。

怎么会这样？兵有了不安，对不起。老人不说话。（面对一个士兵的“对不起”，老人只能选择“不说话”。）

怎么，没人送他这样的护带吗？（这是兵说的一句很无聊的话，他是在没话找话，难道护带能保护人不在战争中死去？）兵突然问。没有用。老人叹一口气，他什么都不缺，可是他还是死了。战场上再敏捷再勇敢都没有用，打仗只需要运气……这条命只需要运气……你的运气就很不错……（暗示主旨。）

可是我再也不想打仗了。兵说，一枪都不愿意开。兵指指斜立墙角的步枪，真想把它扔了……老人笑一笑，蒲扇摇动起来。（老人笑了，“蒲扇摇动”了，下文兵开始感到“习习凉风了”。“蒲扇”是故事中重要的道具。）

战争不是我们的错，兵说，我们只是兵。蒲扇轻轻摇动，兵感到凉风习习。如果战争胜利了，我就能回到家乡。（这是兵在这个故事里说得最糟糕的一句话。）兵说。目光开始柔软。（说完还自我陶醉，连目光都“柔软”了。）

那样的话，我们就失去了家乡。老人站起来，丢掉蒲扇，你来这里只是想跟我说这些吗？（都想要家乡，但本身却是势不两立的。是战争决定了两人不能同时拥有家乡。本来蒲扇“摇动”了，兵都有“习习”之感了，但现在老人“丢掉了”。）

兵不好意思地笑了。（他似乎只能不好意思，他也无能为力。）他扬起眉毛，露出两颗调皮的虎牙。他笑起来很像老人的儿子，（又添一重温情，又增一重矛盾。老人自己的儿子在战场上也曾受伤吧，也曾挨饿吧，也曾这样腼腆而无助过吧？）有那么一瞬间，老人甚至真的以为面前腼腆的年轻人就是他的儿子。我非常饿，兵说，我两天没吃东西了。如果方便的话……

我会付你钱……

只有米。老人问，可以吗？

挺好了，兵说，谢谢您。

老人淘好米，细细地煮。米香弥漫屋子的时候，年轻的兵流下了眼泪。他背过身子去擦，瘦小的肩膀在阳光下抖动不止。（情节逐层推进，自然而真切。米香催出的眼泪，阳光下抖动的肩膀，都那么具有震撼人心的文学力量。）

米饭摆上桌子，兵看着，贪婪地吸着鼻子，却不吃。他看着老人，说，您也吃点儿。（结合上文可知，这显然是礼节而不是戒备。）老人笑笑，端起碗，目光平静。（照应上文的目光“铮铮有声”。）他默默地吃下一碗饭，用去足足10分钟。老人抹抹嘴，空碗放回桌上。

兵吃得很快，却很文雅。他将桌子上的米饭全部吃光，又像狗一样将空碗舔得干干净净。（不是辱骂兵，是要真实地写出兵的可怜相。）他满足地站起来，打一个很响的饱嗝儿。他穿上皱巴巴的衬衣和军装，戴上沉重的头盔，重新变回一个兵。（与前文照应。）他掏出口袋里所有的钱，悄悄压在碗底。他隔着口袋轻轻抚摸女孩儿的照片，（又写一遍，既照应上文，又强化情感效果。）脸上写满幸福。（幸福，是全人类的追求，兵是，老人也是。）他看一眼老人，老人手握蒲扇，眯着眼，一动不动。

您是好人。兵说。（诚恳的评价。）

老人似乎已经睡着。

兵拿起他的枪，往外走。（交代清楚。）他在门口站定，回头再看老人一眼。他说，您就像我的父亲。他慢慢走向远方，再也没有回头。（一个感觉对方像儿子，一个感觉对方像父亲，真乃妙笔。）

老人睁开眼睛，张张嘴。他想喊住年轻且腼腆的兵，可是他终未出声。老人重新闭上眼睛，却有两行浊泪滑落脸颊。（睁眼、张嘴，那么一瞬间老人“动摇”了。“年轻而腼腆”再写一笔，那么一瞬间老人也许想起自己的儿子吧。想喊终未出声，闭上眼却又浊泪滑落——老人内心的矛盾表现得淋漓尽致。）

半小时以后，老人突然从椅子上栽倒在地。他知道毒性已经发作，很快，他就将离开地狱般的人世间。他本该放过那个兵的，可是他不能。他说服不了自己。他做不到。兵的军装是那般刺目，纵可原谅他的罪行，也不能饶恕他的衣服。（人，当一种情超过另一种情，当一种痛超过另一种痛，就会这样。老人对日本侵略者的痛恨之情已远远超过对兵的怜悯之情。在作者描绘的场景里，我们几乎忘了这个“兵”是一个日本兵，当他摘下头盔、脱下军装、放下枪，他是那么可怜——受伤了、疲惫了、想家了，他是那么可爱——有礼貌、会说话、年轻而腼腆。但他最终又戴上了、穿上了、拿起了，他还要回到战场，还要履行一个作为日本兵的责任。）

第十节

怎样理解小说里的反常言行

——以《洗澡》为例

王安忆的《洗澡》（2010 年辽宁高考卷选本）这篇小说，好多学生说看不懂，到底什么地方看不懂呢？因为在大家的心目中小说应该是要表达点什么的，而这篇小说到底想表达什么，让人摸不着头脑。在一些具体的问题上，也让人觉得费解，比如说“他”为什么总是那么细腻呢？“小伙子”为什么总是谈“洗澡”呢？弄清这些问题，需要细致地读小说。下面继续用批注法读这篇小说，希望通过批注让大家对以上两个问题有一个了解，对于小说中作者想表现的问题有一定的初步的认识。

行李房前的马路上没有一棵树，太阳就这样直晒下来。（自然环境，交代故事发生在夏天，突出天气之热。）他已经将八大包书捆上了自行车，自行车再也动不了了。（“八”前还有个“大”字，可见书不少，而“他”原本打算用自行车拖这些书回去的，不打算叫黄鱼车的，可见“他”特别节俭。）那小伙子早已注意他了，很有信心地骑在他的黄鱼车上（小伙子出于职业判断的自信，这人一定会叫自己的黄鱼车的。），他徒劳地推了推车，车却要倒，扶也扶不住。小伙子朝前骑了半步，又朝后退了半步，（“朝前”是为了让“他”看到自己，“朝后”是为了方便讲价。)然后说:“师傅要去哪里？”（中国的语言往往讲究心照不宣，所以小伙

子不问“坐黄鱼车吗”，而是直接问目的地。）他看了那人一眼停了一下，才说：“静安寺。”（谨慎）小伙子就说：“十五块钱。”他说：“十块钱。”小伙子又说：“十二块钱。”他要再争，这时候，知了忽然鸣了起来（小说就是奇怪，“他”要再讲价，却接着写“知了鸣了起来”，是在暗示天太热，于讲价不利），马路对面原来有一株树，树影团团的。他泄了气似地，浑身没劲。（想省下黄鱼车的费用的想法落空了，想把价钱讲得更低的想法也不能实现了）小伙子跃下黄鱼车，三五下解开了绳子，将书两包两包地搬上了黄鱼车。（小伙子体力劳动者的动作与爱书的机关工作的“他”的动作形成鲜明对比）然后，他们就上路了。

路上，小伙子问他：“你家住在静安寺？”（小伙子是个开朗人，首先开聊）他说：“是。”（一般回答过于简洁，说明可能没有聊天兴趣，在敷衍）小伙子又问：“你家有浴缸吗？”（小伙子似乎没有感觉到对方没兴趣，而且话题跳跃性较大，一下就说到私密空间里去了）他警觉起来，心想这人是不是要在他家洗澡？（我们只要随便想一想，我们在街上坐三轮车或出租车，如果车主问到这样的话题，恐怕我们不会这么想，可见“他”还是很善良的）便含含糊糊地说：“嗯。”（还是在敷衍）小伙子接着问：“你是在哪里上班？”“机关。”（回答依旧简洁）“那你们单位里有浴缸吗？”（小伙子还是紧紧围绕“洗澡”主题聊）小伙子再问，他说：“有是有，不过……”他也想含糊过去，可是小伙子看着他，等待下文，（而且很郑重，不是随便聊的）他只得说下去：“不过，那浴缸基本没人洗，太大了，需要很多热水。”

路两边的树很稀疏，太阳烤着他俩的背，他俩的汗衫都湿了，从货站到静安寺，几乎斜穿了整个上海。（照应上文写天热，也就自然地引出下面写买汽水之事。）他很渴，可是心想：如果要喝汽水，要不要给他买呢？想到这里，就打消了念头。（真是上海小男人形象，但也可视为善良本性的体现。）

小伙子又问道：“你每天在家还是在单位洗澡呢？”（再回到聊天主题）他先说“在家”，可一想这人也许是想在他家洗澡，就改口说“单位”，这时又想起自己刚说过单位浴缸没人用，就又补了句：“看情况而定。”（也难为这位上海男人）那人接着问：“你家的浴缸是大还是小？”他不得已地说：“很小。”“怎样小？”“像我这样的人坐在里面要蜷着腿。”（或许是扯谎让人心虚吧，他态度要好一些，从说话的字数上就可以看出来。）“那你就要把水放满，泡在里面；或者就站在里面，用脸盆盛水往身上泼，反倒比较省水。”（小伙子很有经验似的）“是的。”他答应道，心里却动了一下，望了一眼那人汗淋淋的身子，想：其实让他洗个澡也没什么。（心动了）可是想到女人说过“厨房可以合用，洗澡间却不能合用”

的一些道理，就再没想下去。（心又回到了女人的教导这边，一个“想”字，足见上海女人对男人的管理水平，已经深入到思想，连“想”也不敢“想”下去了。）这时已到了市区，两边的梧桐树高大而茂密，知了懒洋洋地叫着。风吹在热汗淋淋的身上，很凉爽。（第三次自然环境描写，还是热，但却加上凉爽，下面却转而写渴。）他渴得非常厉害，他已经决定去买两瓶汽水，他一瓶，那人一瓶。可是路边却没有冷饮店。（终于作出决定要买汽水，但却没有冷饮店。）

“我兄弟厂里，天天有洗澡。”（小伙子果然没忘了主题，从问“他”家浴缸，到洗澡的方式，这次谈到了小伙子羡慕的一个人。）小伙子告诉他。他想问问小伙子有没有工作，有的话是在哪里。（谨慎而善良）可他懒得说话，正午的太阳将他烤干了。望了望眼前明晃晃的一条马路，他不知到了哪里。他想，买两瓶汽水是刻不容缓了。（紧承上文，更强烈了。）那人也像是渴了，不再多话，只是埋头蹬车，车链条吱吱地响，他们默默骑了一段。他终于看见了一家冷饮店，冰箱轰隆隆地开着。他看到冷饮店，便认出了路，知道不远了，就想：忍一忍吧，很快到家了。（真是一波三折，好不容易看到冷饮店，快到了，这个心理过程几乎贯穿了全文。）为了鼓舞那人，他说：“快到了，再过一条马路，就有条弄堂，穿过去就是。”小伙子振作了一下，然后说：“这样的天气，你一般洗冷水澡还是热水澡？”（小伙子还真是执著，再谈洗澡中的冷热水问题。）他支支吾吾的，小伙子又说：“冷水澡洗的时候舒服，热水澡洗过以后舒服。不过，我一般洗冷水澡就行了。”他心里一跳，心想这人真要在他家洗澡了，洗就洗吧，然而女人关于浴缸文明的教导又响起在耳边，就没搭话。（又起疑心，甚至准备答应，然而又想起女人教导，善良又谨慎。）

到家了，小伙子帮他把书搬上二楼。他付了钱，又从冰箱里倒了自制的橘子水给小伙子喝。小伙子很好奇地打量他的房间，这是两间一套的新公房，然后说：“你洗澡好了，我喝了汽水就走。”这一会，他差一点要说“你洗个澡吧”，可最终还是把话咽了回去。（这个心理过程着实精彩。）那人坐了一会，喝完了橘子水，又问了些关于他家和单位的问题，就起身告辞了，出门后说：“你可以洗澡了。”（小伙子话里有话，“你洗澡好了”“你可以洗澡了”，我们是不是可以这样理解，小伙子认为，只要自己一离开，“他”就会马上去洗澡。）

理解这篇小说，需要搭个生活体验的桥：一个初中生见了高中生会问“高中作业少吧？”“高中上课有意思吧？”“高中是不是可以参加好多社团呀？”；一个高中生见了大学生会问“大学不上晚自习吧？”“大学可以带手机吧？”“大学宿舍晚上不强行关灯吧？”。为什么会这样呢？

初中生大概觉得上高中是新奇的事、幸福的事吧，高中生大概把上大学作为一种理想吧。我们再想一想这个小伙子，他骑三轮车，每天不停地出汗，在他心目中这世界上最幸福的事莫过于每天可以洗澡，甚至有浴缸可以放满水躺在里面洗热水澡，这是他心目中的幸福生活。所以，从小伙子的角度来看，这篇小说表现了一个小人物对幸福生活的理解。另外，小伙子坚信自己一转身，“他”就会跳进浴缸里。单纯的小伙子不知道，很多人家里有浴缸，却不怎么洗澡，甚至不觉得洗澡有多么重要、多么幸福，并不珍惜有浴缸的生活。这似乎也在委婉地提醒我们每一个人应珍惜自己的“浴缸”，珍惜自己能“洗澡”的生活。正如很多高中生可能不觉得初中生向往的高中生活有多么美好，大学生可能在大学的“浴缸”里却不觉得自己生活在幸福之中，正所谓“幸福总在彼岸”。所以从这个角度来看，这篇小说也在提醒读者珍惜当下的幸福。

如果从“他”的角度来看，这个小说塑造了一位特定区域（上海）特定风俗下的男人形象，通过他细腻的心理感受，向我们展示了该地域丰富的文化心理。很多高中生受传统阅读教学的影响，总觉得小说应该“批判”了什么，“揭露”了什么，“讽刺”了什么，总得写点“大事”才是好小说。这一点要注意，小说不见得非表现什么“大事”，能形象地展示一个特定区域的人文心理，也能称得上好小说。

第十一节

怎样使情节有张力

——以《桥边的老人》为例

有时我们读小说总是感觉小说中的人物交流不顺畅，甚至我们要替他们“干着急”。其实这种不顺畅恰恰是作者的一种写作手法，为了使小说情节得到更好的表现。情节在不畅中推进，主题在不畅中表达。本文以《桥边的老人》为例，继续用批注法，分析一下。

一个戴着钢丝边眼镜、衣服上尽是尘土的老人坐在路旁。河上搭着一座浮桥，大车、卡车、男人、女人和孩子们正涌过桥去。骡车从桥边蹒跚地爬上陡坡，一些士兵帮着推动轮轴。卡车嘎嘎地驶上斜坡就开远了，把一切抛在后面，而农夫们还在齐到脚踝的尘土中沉重地走着。但那个老人却坐在那里，一动也不动；他太累，走不动了。我的任务是过桥去侦察对岸的桥头堡，查明敌人究竟推进到了什么地点。完成任务后，我又从桥上回到原处。这时车辆已经不多了，行人也稀稀落落，可是那个老人还在那里。（“我”本来不想和老人说话，在这种场景下人人都没有聊天的心情。第一次看到他就觉得有些奇怪，但没讲。第二次，看老人还在这里，实在觉得他的表现很奇怪，与整个场面上的人极不协调，忍不住了才说。）

“你从哪儿来？”我问他。（这句话想问的显然不是表层意思，“我”实际上想说的是：“你为什么还不走？”，或者是“你快走吧！”）

“从圣卡洛斯来，”他说着，露出笑容。那是他的故乡，所以提到它，老人便高兴起来，微笑了。（老人显然也没有听出这句问话的真实意图，他直接回答了问题却不是问者想得到的答案。而老人回答以后还非常得意开心，这更让“我”纳闷，也让读者好奇。）

“那时我在看管动物。”（老人的答非所问已经让“我”没有兴趣再问了，他还在进一步介绍他得意的东西。）他对我解释。

“喔。”（“我”因为没听懂，在敷衍。）我说。

“唔，”他又说，“你知道，我待在那儿照顾动物；我是最后一个离开圣卡洛斯的。”（他还在说“我”不想听的东西，而“我”想听的——为什么还不走——他一直没有解释，“我”已经不想再交流下去了。这是一段无效的交流，“我”没有听到“我”想听的东西，老人讲的东西，“我”也没听出来有什么说的必要。一切又归于零，又回到了最初没交流的状态。读者和“我”一样，还在纳闷。）

他看上去既不像牧羊的，也不像管牛的牧人，我瞧着他满是灰尘的黑衣服，尽是尘土的灰色面孔和那副钢丝边眼镜，于是我问他，“什么动物？”（听他介绍自己是照顾动物的，而“我”又看着不像，还是出于好奇，“我”才又问了这一句，就像“我”和他交流的第一句那样，不过这一次我改变了交流的方式，问的就是字面意思。）

“各式各样，”他摇着头说，“唉，只得把它们撇下了。”（这一次，老人却又不像第一次问他一样直接回答字面意思，似乎在卖关子了。于是“我”就又回到不想和他交流的状态。读者简直有些着急了。）

我凝视着浮桥，眺望着充满非洲色彩的埃布罗河三角洲地区，寻思着究竟要过多久才能看到敌人，同时一直倾听着，期待着第一阵响声，它将是一个信号，表示那神秘莫测的遭遇战的爆发，而老人始终坐在那里。

“什么动物？”我又问道。（“我”本来不想说了，何况“我”还负责着自己的工作，满腹心事。但这个老人实在太奇怪，而“我”实在太善良，表面上问“动物”，其实心里就一个愿望——让他赶紧走，但老人不配合，只能顺着老人的意思来问。）

“一共三种，”他说，“两只山羊，一只猫，还有四对鸽子。”（原来是这个。“我”也许猜想是什么数量特别多，价值特别高的动物：要不怎么会使一个老人在残酷的战争当头时还这么牵肠挂肚地念叨呢？）

“你只得撇下它们了？”我问。（“我”不忍心说“这些动物算不了什么，还是快走吧”。）

“是啊。怕那些大炮呀。那个上尉叫我走，他说炮火不饶人哪。”（上尉已经表达了和“我”一样的意思，但老人没有走的意思。上尉考虑的是人，老人考虑的是动物。人都不保了，何况动物呢？老人偏想的是人逃走了动物怎么办呢？）

“你没家？”我一边问，一边注视着浮桥的另一头，那儿最后几辆大车在匆忙地驶下河边的斜坡。（既然上尉已经直接说了，“我”就知道重复说也没有用。引到别的话题上是因为关心他，当然目的还是想让他走，“最后”“匆忙”驶下斜坡的车，是“我”内心替老人着急的外在写照。）

“没家，”老人说，“只有刚才提过的那些动物。猫当然不要紧。猫会照顾自己的，可是，另外几只东西怎么办呢？我简直不敢想。”（但老人对“我”担心的事全然不顾，他只是惦记着他的动物，他其实也很难理解别人为什么对他担心的事全然不顾。他的“不敢想”充分地表现了他内心的痛苦。到这里，读者全然明白了“我”的心思和老人的心思，但他们并不能达成一致，从而有顺畅的交流。）

“你对政治有什么看法？”我问？（“我”在试图换一种交流方式。）

“政治跟我不相干，”他说，“我七十六岁了。我已经走了十二公里，再也走不动了。”（老人的回答很干脆，他是无辜的，他不想丢下他的动物。不仅如此，他还走不动了。）

“这里可不是停留的好地方，”我说，“如果你勉强还走得动，那边通向托尔托萨的岔路上有卡车。”（了解了这一切，“我”不得不这样直接地说，因为形势不允许“我”考虑老人的心情。）

“我要待一会，然后再走，”他说，“卡车往哪里开？”（这是老人第一次对“我”想问的问题的明确的回答。问卡车的去向，表现出他内心的无奈。）

“巴塞罗那。”我告诉他。

“那边我没有熟人，”他说，“不过我还是非常感谢你。”（老人似乎完全明白了，但他的态度很坚决，没有要走的意思。这似乎是老人最接近委婉的一次，他用了托辞，他说他“没有熟人”，他不愿意去那里是因为“没有熟人”吗？只不过他明白了“我”的善意，在委婉地表达自己的态度。交流再次回到起点。老人不愿意走，“我”也无计可施。读者在理解“我”的同时，也期待着老人能改变主意，离开这里，那样我们都会长舒一口气，但事情在一次次不畅的交流中，似乎没有任何进展。当然情节却在这不畅的交流中展开着。这就是故事和情节的区别，故事就是讲究结局或进展，但情节却讲究前后的因果，并在这种因果中展现人物和表现主题。）

他疲惫不堪地茫然瞅着我，过了一会又开口，为了要别人分担他的忧虑，“猫是不要紧的，我拿得稳。不用为它担心。可是，另外几只呢，你说它们会怎么样？”（按理说，交流已经结束，但这次是老人主动向“我”证明，大概他实在放不下心，不向“我”说又能向谁说呢？他实在忍不住了，才再次提这个话题。现在读者在情节的展开中已经完全理解了老人内心的担忧，不会觉得这是一个“怪老头”，他的唠叨和琐碎不会让我们反感，而是让我们觉得心酸。前面的对话，我们更多的是理解“我”，但这里我们已经完全理解了这位老人。）

“喔，它们大概捱得过的。”（我们能感觉到“我”不知该怎么回答，在这种场景下，即使是读者似乎也只能这样说，只能用这种善意来安慰这个无助、揪心的老人。）

“你这样想吗？”（老人不依不饶地追问，越让我们觉得对老人有一种“心情可以理解、事情无法解决”的同情，他几乎很感激地追问，仿佛让“我”给他一个肯定的回答。）

“当然。”（这当然是善意的谎言。）

我边说边注视着远处的河岸，那里已经看不见大车了。（“我”言语的坚定与内心的着急，通过外部环境的变化在展现。）

“可是在炮火下它们怎么办呢？人家叫我走，就是因为要开炮了。”（老人宁愿相信“我”的话，但残酷而简单的现实让他得不得出这个简单而又难以怀疑的结论。）

“鸽笼没锁上吧？”我问道。（“我”实在是被这个老人感动了，只能进一步来安慰他，“帮”他想“办法”。但实际上“我”对这个话题从感情上理解，从理性上真不感兴趣。）

“没有。”

“那它们会飞出去的。”（既是进一步安慰，也是敷衍。）

“嗯，当然会飞。可是山羊呢？唉，不想也罢。”他说。（显然，老人还想继续说下去，继续寻求“办法”——实际上是安慰。）

“要是你歇够了，我得走了。”我催他，“站起来，走走看。”（显然，“我”不想继续这个话题。“我”再次提出这个真实的意图。）

“谢谢你。”（老人更加信任和感谢眼前的这个人，对这个人打断他的话题，他内心很失落，但似乎也理解了，所以他再次表达感谢。）

他说着撑起来，摇晃了几步，向后一仰，终于又在路旁的尘土中坐了下去。

“那时我在照管动物，”他木然地说，可不再是对着我讲了，“我只是在看动物。”（他顾不得自己，只是惦记着他的“动物们”。这场不畅的交流，到此结束。老人最终未听从“我”的建议，一切又回到他们交流前的状态，他还是只惦记着他的“动物们”。“我”对他毫无办法。）

对他毫无办法。那天是复活节的礼拜天，法西斯正在向埃布罗挺进。可是天色阴沉，乌云密布，法西斯飞机没能起飞。这一点，再加上猫会照看自己，大概就是这位老人仅有的幸运吧。（作者最终以一种安慰我们大家的方式结尾，但我们和那个老人一样，我们心里充满着幻想——老人幻想着动物们没事，我们幻想着老人平安。但这种幻想又是那么脆弱：天阴使得飞机没能起飞，天晴了会怎样呢？猫会照顾自己，别的动物怎么办呢？）

相较于用动作、时间等方式，用对话来推动情节的发展大概是很难的吧，但本文情节正是在这样一段很不顺畅的交流中，获得极大的张力，极强的表现力，让我们看到战争的残酷，让我们看到在这种特殊背景下人性的光芒。战争背景下：动物犹且不能保，人何以堪？老人犹且不能保，动物何以堪？一个自身难保的老人还在关心着他的“动物们”，谁来关心战争中的人类呢？

第十二节

什么叫情节的摇摆

——以《清兵卫和葫芦》为例

如果把小说的情节比作一条河流的话，那河水一定不是一直静静地向前流淌的。绝大多数时候小说情节一定是在摇摆的，如果不摇摆了，要么是故事快要结束了，要么是小说写得水平不高。

摇摆是小说情节的形式特征，大体可分为三种类型：错位、暂停和跳跃。错位就像河水的弯曲；暂停就像河水的静止；跳跃就像河水遇到了巨大的落差，飞奔而下。

以高中语文选修教材《外国小说欣赏》里的《清兵卫与葫芦》为例来谈。

清兵卫那么喜欢葫芦，自己切葫芦口，自己装葫芦塞，一个秃脑袋都会被他错看成葫芦，一天到晚看葫芦、收拾葫芦，爱好专一。如果这个爱好被大人认可和支持，那小说就没有情节的摇摆了。偏偏来的客人不认可；父亲甚至“很不高兴”，清兵卫提出一点自己的看法，就受到父亲的训斥；教员看见他上课玩葫芦也非常生气。小说的情节不是向着我们“希望”的方向发展，这样就有了错位。

清兵卫上课时把葫芦偷偷藏在桌子底下被教员看见了，而且“恰巧上的是修身课，所以教员更加生气”。这时读者都替清兵卫捏了一把汗，作者偏偏像和我们捉迷藏一样先“按下不表”，介绍起这位外来的教员来。说他如何对本地人爱好葫芦的风气不舒服，如何喜欢武士道，喜欢听戏之类。

这种情节上的暂停，吊足了读者的胃口。

在教员到家“访问”之后，父亲把清兵卫的葫芦“一个一个地砸碎”，我们十分关心清兵卫的感受和接下来的生活，作者却一笔带过，情节来一个大反转，写到清兵卫一毛钱的那个葫芦被卖到了六百块的价钱，这种“反转”的情节让我们唏嘘不已。

泰戈尔的小说《素芭》的结尾也采用了这种“大跃进”的方式，当素芭被夫家发现是个哑女时，我们都很关心素芭的命运，但作者偏偏“弃素芭而不顾”，直接跳到夫家“眼耳并用又相了亲，娶来了一个会说话的姑娘”。我们十分关切，作者却把她“直接跳过”，更凸显了小说的悲剧效果。

正如小河不管如何弯曲，河水终究是向前流淌的一样，小说情节也在摇摆中前行。那么为什么小说情节一定要是摇摆的呢?

就像高速公路不能一直是直的一样，那样司机会感到疲劳，不摇摆的情节也很难引起读者的注意。错位的、暂停的摇摆，以及设置的悬念，都是为了吸引读者注意，引发读者的想象或让读者主动参与其中。从小说阅读方面来说，摇摆是小说文体的艺术要求，更能凸显小说的主题，正因为清兵卫的爱好不被文中出现的大人（客人、父亲、教员）理解，才强化了小说的悲剧色彩，小说的主题才更鲜明。

第十三节

怎样读出散文的好

——以史铁生《合欢树》为例

我想不仅是散文，包括其他文学样式，我们阅读的要点无非两个方面："写了什么"和"怎样写的"。

以史铁生的《合欢树》为例，这篇文章简单地说，写了母亲对儿子的爱和儿子对母亲的爱。这一点不需要多讲，阅读重要的不是得出一个笼统的概括，需要看出并体会其独特处。

史铁生的母亲不是普通的母亲。她年轻时很好强，当儿子讲自己的作文得了第一名，她就说自己当年作文还要好。她年轻美丽，热爱生活，她和儿子说作文的事时，"正给自己做一条蓝底白花的裙子"，她"从来喜欢花花草草"。儿子两条腿残废了，她已不再年轻，她的全副心思都放在给儿子治病上。当一切治疗都失败后，她又支持儿子写作，她这时只记起儿子小时候作文得过第一，不再在意自己了。她开始像以前给儿子找大夫、打听偏方那样为儿子借书、推儿子看电影，直到她离开人世。可以想象，她是带着一种什么样的担忧和揪心离开的。史铁生在另一篇散文里说："儿子的不幸，在母亲那里是要加倍的，这样的母亲注定不会多活。"

史铁生也不是一个普通的儿子，在他正年少轻狂的时候，突遇双腿残疾。我们同样可以想象他内心的痛苦。散文中有一句话，当母亲想些稀奇古怪的药和各种方法给他治病时，他说："别浪费时间啦！根本没用！"这里连用两个感叹号，表现他的不耐烦和内心的绝望。他的胯上被烫伤，这对一个瘫痪病人来说"差不多是要命的事"，他却想"死了也好，死了倒痛快"，使母亲"惊惶了几个月，昼夜守着我"。

这样不平凡的母亲和这样不平凡的儿子之间的情感，正是我们要体会的。母亲对儿子的爱，体现在她希望儿子活着，活得快乐，活得有希望。于是，母亲在语言上对儿子进行鼓励，在行动上对儿子进行支持。她甚至希望用自己的生命来换回儿子的健康。儿子对母亲的爱，不仅仅是怀念，更有遗憾，当自己的第一篇小说发表时，儿子最想和母亲分享，而这时"母亲却已不在人世"。这种"来不及"的遗憾和愧疚是很让人痛心的。史铁生在《我与地坛》里说："事实上我也真的没为她想过。那时我还太年轻，还来不及为母亲想，我被命运击昏了头，一心以为自己是世上最不幸的一个。"他想着"死了倒痛快"时没有为自己的母亲想过，但直到母亲离开了，他才明白这一点。

这篇散文，记不清读了多少遍，每一次都被深深打动。这种感染人的力量从哪儿来呢？史铁生是写散文的高手，本文在写作手法上有很多值得我们学习的地方。

我从以下几个方面梳理一下。

一、拉开时空

感人的写人叙事散文往往有个前提，就是拉开空间。比如朱自清写《背影》是多年之后的回忆，如果当父亲送自己时，作者就明白应该珍惜父子情，不该嫌父亲"迂"，这散文就很难感人。归有光在《项脊轩志》中写妻子"时至轩中，从余问古事，或凭几学书"是对妻子死之后的回忆，如果在当时就感觉到这种生活琐事很难得，或者很平常，也就很难有结尾"庭有枇杷树，吾妻死之年所手植也，今已亭亭如盖矣"那样打动人的文学魅力。史铁生这篇散文总体上以时间为顺序，写到合欢树时有插叙部分。十岁时不懂母爱，母亲说自己作文写得更好，自己就故意气她。二十岁后母亲对自己付出很多，为自己治病，支持自己写作，自己却很自私。这篇散文写于1984年11月，史铁生33岁，大致相当于自己十岁时母亲的年龄，这时的作者理解了母亲和母爱，而母亲已不在。时间的拉开，让情感沉淀、升华。在散文的回忆部分，读者都明白他不该那样对待母亲，母亲也是很可怜的。在母亲也需要人来安慰和理解时，作者偏偏浑然不觉，等作者理解时，时空却被拉开，他内心的遗憾、痛和悲伤，才那么强烈，才那么有感染力。

二、适时评价

史铁生的语言是"绚烂之极归于平淡的"，读来很普通平实，其实是精心设计的。比如文章中的第三段，当一切治疗都绝望后，母亲发现史铁生在写小说，就提醒他：

"你小时候的作文不是得过第一？"就在这个地方，作者插写一句："我们俩都尽力把我的腿忘掉。"当文章中的"我"和母亲都努力地"装糊涂"时，作者偏站出来"表达清醒"，这种看似不经意的一句，往往一下就戳中了读者的动情点。写母亲为"我"做的事，在"借书"前加"到处"，在"推我看电影"前加上"顶着雨冒了雪"，写完这些后，很及时地加了一句"像过去给我找大夫、打听偏方那样，抱了希望"。适时把这两者联系起来，表现作者写作时的"清醒"，使读者不要忘了，又使文章意脉不断，一下让这种感动变得立体。尤其是后边还写道"抱了希望"，既照应上文为"我"治病抱了希望，又为下文写自己取得一些成绩时母亲却看不到的遗憾和悲痛作了铺垫。当母亲发现"我"在写小说，跟"我"说让"我"好好写，作者也跳出来评价"我听出来，她对于治好我的腿也终于绝望"。让我们读者去想象，母亲在表面上鼓励儿子时，内心是多么绝望。再如文章中有一段写我离开小院以后，"我摇着车在街上慢慢走，不急着回家。人有时候只想独自静静地待一会。悲伤也成享受"。史铁生在叙述中不时站到冷静位置，对人物或场景或感受适时评价，交代自己独特的感受，这些很容易引发读者的强烈共鸣。

三、以小写大

没有细节描写的写人散文或叙事散文怎样打动人，我想象不出。这篇作品撷取作者生活中几个小小的片段来寄寓对母亲持久的爱与怀念，但还不止于此。小中有小，每一个小片段中，都有一些更"小"的细节：十岁时"急着跟我说她自己"的母亲，"正给自己做一条蓝底白花的裙子"；二十岁时"一心忙着为我治腿"的母亲，"头上开始有了白发"；三十多岁时，"我"坐在小公园里，想上帝为什么早早地召母亲回去，"睁开眼，看见风正在树木里吹过"；我再来到小院时，听说原来住的房子里的小两口生的孩子"不哭不闹，光是瞪着眼睛看窗户上的树影儿"。这些"小中小"往往表达了一种复杂的情感，丰富了散文的意蕴内涵，拓宽了散文的审美空间，收到了独特的艺术效果。

这篇散文还有两个难点：

一个是关于"合欢树"的象征意义。这个不好理解，或者容易理解得过于空泛。可以从以下两个方面去思考。

1. 插叙部分是对合欢树的介绍。"没有发芽"母亲"不舍得扔掉"，后来"又长出叶子，而且茂盛了""不知道这种树几年才开花"等。合欢树的生长过程，正是作者成长过程的写照，也是母亲照顾我成长的过程。

2. 对合欢树的感情变化。从"忘记""推说"到"老记着""主动去"，这种变化正是作者内心复杂感受的写照。合欢树是母亲所种，是触动作者思念母亲的事物，是呈现母爱和生命的另一种方式。这种想看又不看，不看又后悔的瞻前顾后、犹豫不决正是说明了对母亲既怀念又愧疚的情感。

还有一个是写孩子看合欢树的细节。这个更不好理解。每一个生命都是在母爱的润泽下长大的，作者对这个孩子的描述将本来只是局限在他和自己母亲之间的情感主题拓展开了。为什么作者最后又写一句“但他不会知道那棵树是谁种的，是怎么种的”，作者实则在说自己的特殊际遇，自己的经历，自己感受到的母爱和别人是不同的，是别人无法理解的。

史铁生的语言特点，在当代作家中是很少见的，理解本文并不难。

第十四节

怎样读出诗词的好

——以《天净沙·秋思》为例

马致远的《天净沙·秋思》恐怕是我们最熟悉的元代散曲了。

枯藤老树昏鸦，小桥流水人家，古道西风瘦马，夕阳西下，断肠人在天涯。

大家都觉得好，那究竟好在什么地方呢？

有人说内容上表达了“秋思”的主题，但显然不能说表达秋思就好，表达秋思的诗词多了去了。

有人说手法上运用了“意象并置”，但也不能说运用这种手法就好，同样运用这种手法的元代散曲，同样的题目，白朴的“孤村落日残霞，轻烟老树寒鸦，一点飞鸿影下。青山绿水，白草红叶黄花。”却让人觉得差了几个等级。可见这个手法也不是关键。

也有人说，意象选择精心、典型，收到了情景交融的效果，这固然是这首散曲的特色，但意象选择的精心，情景交融，在别的诗词中也并不罕见。

关键在哪里呢？关键在“夕阳西下”。

从结构上看，这一句是承上启下的过渡句。上承前三句写景，下启末一句抒情，即由景语转到情语。

但如果我们仅仅理解到这个层次，就理解得过于浅了。“夕阳西下”在这里，还有四个更重要的功能。

一、着色功能

前三句写景，有了“夕阳西下”的笼罩，才成为统一的景色，景象才和谐地成为一个整体，形成格调统一的意境。就像绘画中的着色；就像修图时，设置成某种光线，照片马上就发生了惊人的变化。这在摄影和绘画里是比较常见的，从这个角度来说，艺术的确是相通的。白朴的作品列举了许多景物，但缺少的正是这一笔，于是意境的高下立现。

二、聚焦功能

夕阳西下，一下子把这个秋景变得阔大，最后镜头聚焦到一个人，而他的构图背景是茫茫的天涯，画面感十分鲜明，如在眼前，因而格外悲凉。

三、联想功能

我们的潜意识中，“夕阳”代表着回家，所谓“日出而作，日入而息”，这是我们共同的文化联想，看到夕阳就想到该回家了。这就一下子从眼前的空间感，换到时间，给人时间上“该回家”的紧迫感，而散曲中的游子不能回家，不仅不能回，家还远在天涯，这有极大的反差和错位，是不是特别让人伤心，让人肠断？

四、强化功能

第一句“枯藤老树昏鸦”和第三句“古道西风瘦马”，给人的感受是凄凉和萧飒，景物基调是一种冷色调；中间第二句“小桥流水人家”，却给人温馨的感受，显然属于暖色调，这两种截然相反的景物怎么能组合在一起呢？这种组合背后的创作依据是什么呢？第二句“小桥流水人家”渲染了家庭团圆的温馨场景，正是主人公的理想和愿望，而在“夕阳西下”的背景下，人家“小桥流水”，我却远在“天涯”，不仅没有小桥流水人家的安逸，甚至不如栖身老树的昏鸦。这里就强化了这种反差，何等凄凉，于是水到渠成地逼出了游子的一声长叹：“断肠人在天涯。”

古诗鉴赏的关键在于两点：一个是能不能理解诗的意思，另一个是能不能感受到诗歌的美。

目前教学中还是存在过于强调识记术语的现象。术语概念，是帮助我们理解和感受诗歌的工具，不能本末倒置，把诗歌的鉴赏变成术语和套话的背诵。

细读诗歌，我们既要注重理解，也要注重感受。既揣摩词和句的意思，也要有对整体意境的感受。这样才能更好地鉴赏诗歌。

第十五节

何谓“烘云托月”

——以《鸿门宴》为例

中学语文中有些关于写作的术语是从绘画里借来的，比如渲染、白描等。“烘云托月”本是指国人画月亮的一种传统手法，借用于写作之中，指对作品所描写的主要对象不作正面刻画，而是通过写周围的人物或环境，使其形象鲜明突出的一种方法。

这一招在中国古代作品中比较常用。

比如教材中的《鸿门宴》，节选自《项羽本纪》，按道理说主要就应该是写项羽的，但我找了一下，文中直接写项羽的句子只有这么多：

项羽大怒曰：“旦日飨士卒，为击破沛公军。”

项王许诺。

项王曰：“此沛公左司马曹无伤言之。不然，籍何以至此？” 项王即日因留沛公与饮。

项王默然不应。

项王按剑而跽曰：“客何为者？” 项王曰：“壮士！——赐之卮酒。”项王曰：“赐之彘肩。” 项王曰：“壮士！能复饮乎？”

项王未有以应，曰：“坐。”

项王使都尉陈平召沛公。

项王曰：“沛公安在？”

项王则受璧，置之坐上。

细数了一下，总共一百多字，而这个

节选部分将近两千字。那么其他部分都在写什么？写到了很多人物，还写了很多故事，甚至连座位都不厌其烦地介绍，写这些和写项羽之间是什么关联呢？

我们先来看人物，本文写到的人物：

项羽 范增 项伯 项庄

刘邦 张良 曹无伤 樊哙

第一行是项羽“集团”的，第二行是刘邦“集团”的。

我们先来看写范增的句子，全文中共出现三次。

第一次：

范增说项羽曰：“沛公居山东时，贪于财货，好美姬。今入关，财物无所取，妇女无所幸，此其志不在小。吾令人望其气，皆为龙虎，成五采，此天子气也。急击勿失。”

先通过对比分析得出刘邦“志不在小”的推断，并且通过看天象来印证自己的推断，最后提出“急击勿失”的建议——这段话的核心意思。这段话后面没写项羽的言行，大家可能想，不必要了，就是打刘邦呗，项羽本来就是要打的。但同学们有没有发现，这句话和曹无伤的话有相同之处，但也有不同处，甚至有矛盾的地方。曹无伤说的是：“沛公欲王关中，使子婴为相，珍宝尽有之。”

二者的相同处是都说刘邦打算在关中称王，不过曹无伤说得直接，而且确定和详细。而范增则说得相对委婉，避开了“欲王关中”这样的敏感字样，他用什么来代替？“此其志不在小”，还有“此天子气”。曹无伤和范增谁更了解项羽？显然是范增。从这种说话方式中我们可以看出项羽是一个需要用更好的方式向他提建议的人。还有，两人话中的矛盾之处是一个说珍宝尽有之，一个说财物无所取，谁说得对呢？一个有谋略的人不可能忽视这两种说法的差别，不可能分析不出这两句话背后的真相。曹无伤的身份是什么，不是一个普通士兵，他更了解刘邦的政策。所以“财物无所取”是表，“珍宝尽有之”是实，看似矛盾，其实一致，刘邦不仅思想上想称王，更重要的是行动上已经采取了相关的措施，这矛盾的话正显示出刘邦的谋略。分析范增的话，我们就可以看出，项羽没有细想这些，表现出项羽无眼光、无脑子、无谋略的“三无”倾向。范增的话可以作为了解项羽性格的一个角度。

第二次：

范增数目项王，举所佩玉玦以示之者三，项王默然不应。范增起，出，召项庄，谓曰：“君王为人不忍。若入前为寿，寿毕，请以剑舞，因击沛公于坐，杀之。不者，若属皆且为所虏！”

我想问的是项羽和范增这个最重要的谋臣对于杀不杀刘邦这件事有没有商量

好？应该是本来商量好了，要杀。不然，范增举玦项羽怎么能看得懂呢？他对项庄说“君王为人不忍”，可以看出不仅他们俩商量好了，而且项羽团队对此也已经达成共识。但问题是项羽临时又变卦了，听项伯的了，而这一点项羽没有和范增再商量，所以“默然不应”。于是范增就不得不采取行动，让项庄舞剑。那么同学们想一下，项庄舞剑，张良看出来意在沛公，项伯也看出来了，刘邦就更不用说了，项羽呢？为什么没采取行动？还有项伯舞剑，项羽有没有看出来是在帮刘邦，为什么也没采取行动？杀也行，不杀也行？天哪，哪有这等事，哪有这等人？关系自己江山大事的，如此轻率对之。从项羽的这些行为中，我们能够看出项羽做事计划性不强，优柔寡断，缺少主见，不善听从建议。范增也是不得已而为之。我们从范增做事的方式看出了项羽的反应，从而看出他的性格。

第三次：

亚父受玉斗，置之地，拔剑撞而破之，曰：“唉！竖子不足与谋！夺项王天下者必沛公也。吾属今为之虏矣！”

你能理解范增的发火吗？从范增的角度来说，他已经尽力了。但项羽烂泥扶不上墙，自己没脑子，还不愿听从有脑子人的建议。

比较一下，范增的话也是有变化的：

今入关，财物无所取，妇女无所幸，此其志不在小。

夺项王天下者必沛公也。

有什么不同呢？前者主要是一种推断，但后一句说得比较绝对。是什么让范增更加相信自己的判断呢？是比较刘邦在宴会上的表现和项羽在宴会上的表现判断出来的。刘邦的那一套瞒不过范增，却成功瞒过了项羽，范增更加相信项羽不是刘邦的对手。

范增当着项羽的面破口大骂，这也可见二人在沟通上存在的问题。当然，这里的“竖子”应属于指桑骂槐，明指项庄，暗指项羽。

还有一个细节，不知道大家发现没有：范增曾对项庄说“若属皆且为所虏”，但后来这一次却说“吾属今为之虏矣”为什么？

第一次为什么把自己排除在外呢？有对项羽短见的不满，更有自己的自负——届时我自有退路——后来果然愤然而走。及至刘邦虎入山林，自己的计划落空，范增不禁悲从中来，恨无泄处，从“若属”到“吾属”的变化，反映了人由自负到自叹、由失望到绝望、由激愤到悲哀的心理变化过程。这时我们会突然很同情范增，七十多岁了，想要有所成就，辅佐一个二十多岁的年轻人，一心想“老有所为”，成就平生之志，可惜这个人没眼光，又不听从自己的建议。范增是十分清醒的，内心是非常痛苦的。所以刘邦后来评价项羽时说“项羽有一范增而不能用，此其所以为我擒也”。这种变化反映的正是项羽缺少远见，又不听建议的特点。我们从范增对项羽的态度看出了项羽的性格。

同学们发现没，即使在写范增时，处处也在写项羽，虽不是直接写的，但借范增的言和行，我们看到了项羽鲜明的性格特点。这是司马迁在写人上的高超之处。

我们再看一看写项伯的句子：

1. 项伯乃夜驰之沛公军，私见张良，具告以事，欲呼张良与俱去，曰：“毋从俱死也。”

2. 项伯即入见沛公。沛公奉卮酒为寿，约为婚姻。

3. 项伯许诺，谓沛公曰：“旦日不可不蚤自来谢项王。”

4. 于是项伯复夜去，至军中，具以沛公言报项王。因言曰：“沛公不先破关中，公岂敢入乎？今人有大功而击之，不义也。不如因善遇之。”

5. 项王、项伯东向坐……

6. 项伯亦拔剑起舞，常以身翼蔽沛公。

大家想一想，项伯是奸细吗？他想坏了项羽的大事吗？只要仔细想一下，看看项伯的身份——“季父”，我们就知道，他肯定是支持项羽大业的，他和曹无伤有本质上的不同。从文中看，在那天晚上之前，他和刘邦没有打过交道。当然他这个人很好交往，当晚就约为婚姻了。我想起卢梭的一句话：“有人和整体部队的行走正好相反，那可能是因为他听了另一种鼓点。”今天的读者看来，他泄露了军情，保护了刘邦，坏了项羽的大事。但在他看来，他在为侄子办大事，办一件一举两得的事，他办了一件成就项羽美名的大事。用我们常说的一句话说“人是个好人”，这话的潜台词是什么？就是缺心眼儿。大家看文中的“私”“具”“欲”，尤其是“即”“约为婚姻”“许诺”等词，充分表现了他智商的档次。

但我们现在探讨的关键不在此，而是项羽信他的吗？大家再看看这些词“具”“岂敢”“不如因善遇之”等，推心置腹，很是感人——侄子呀，我这个都是为你好呀！项羽非常相信他的话，这才是关键。项伯的话有很多值得推敲的地方：你为什么去，你和张良是什么关系？张良为什么要引荐你去见刘邦？你和刘邦说了什么？刘邦为什么要急着来？这些项羽都没有过问，只说“许诺”。

这是说项羽“集团”的人，通过写他们的言行来烘托项羽的形象。更重要的是，写刘邦集团的人，首先，烘托刘邦的形象，进而共同烘托项羽的形象。

再看刘邦，他声称鲰生献计“距关，

毋内诸侯，秦地可尽王也。”这样重大事件，刘邦都没有告诉过谋士张良，真有心计。紧急关头，摇尾乞怜，又向张良求救。问明张良与项伯的关系，心领神会，立刻接见项伯，说得天花乱坠，做得天衣无缝，机敏过人，贯彻执行张良的方针，不仅拉拢收买了项伯，还通过项伯软化了项羽，在鸿门宴上受到项伯的“翼蔽”。

刘邦鸿门谢罪是迫不得已，大丈夫能屈能伸，他有胆量有气魄，而又卑躬屈节，称项羽为“将军”，自称“臣”，奉承项羽，掩饰自己，拉旧关系，自己“北向坐”，“张良西向侍”，低三下四。

刘邦进入咸阳，住在皇宫，尽享荣华富贵，不肯离开。见状，樊哙与张良质问刘邦：“欲有天下耶？将为富家翁耶？”力劝刘邦封宫室府库，还军霸上。刘邦察纳雅言，“沛公军霸上”。项羽扬言要“击破沛公军”的时候，他听取了张良的意见；刘邦要逃跑的时候，又听取了樊哙的意见。总之，刘邦还是善听人言的。赔罪时，项羽暴露了曹无伤，刘邦不露声色，置若罔闻，密记在心；回军后，“立诛曹无伤”。刘邦多有心计，处事多么果断！

我们可以用三个词来概括刘邦：老奸巨猾、虚心纳谏、能屈能伸，而这三点恰好是项羽不具备的，所以可以说，虽为写刘邦，实则写项羽。

张良在刘邦“集团”的地位大概相当于范增在项羽“集团”的位置。他对刘邦忠心，当项伯来拉他逃命时，他说：“臣为韩王送沛公，沛公今事有急，亡去不义，不可不语。”这话不仅表明了态度，更重要的是，还找了托辞，作了解释，而这番解释表面上是表现他这样做的“不得已”，而实质上恰表明对刘邦的完全忠心。随即“具告沛公”，并连发数问，“谁为大王为此计”“料大王士卒足以当项王乎”，没有避讳，又不计刘邦未与之谋的前事，从实际出发，提出“沛公不敢背项王”的方针。随即“要项伯”。与范增和项羽之间不同，张良和刘邦之间交流无障碍，非常默契，能迅速达成一致，并落实到行动。张良不仅负责出谋，而且还能执行，还有应急反应，制定对策，全力保护刘邦的安全。这一方面衬托出刘邦善用人，能信人；另一方面衬托项羽在这一方面的不足。樊哙的言行也与此相类。

除此之外，这篇文章在细节上也很有匠心，比如宴会的座次。

项王、项伯东向坐，亚父南向坐。亚父者，范增也。沛公北向坐，张良西向侍。

这个方向要解释一下，大家可能知道面南坐最尊贵，但那是指在堂上，而这个宴会应在室中，室东西长而南北窄，室内最尊的座次是坐西面东，其次是坐北向南，再次是坐南面北，最卑是坐东面西。项羽、项伯朝东而坐，最尊；范增朝南而坐，仅次于项氏叔侄的位置；项羽让刘邦北向坐，又卑于范增，不把他看成与自己地位匹敌的宾客；张良面朝西的位置，是在场人中最卑的了，不能叫坐而叫侍。司马迁之所以不惜笔墨一一写出每个人的座次，就是通过项羽对座次的安排，突出表现项羽不把刘邦放在心上，以尊者自居的骄傲心理，由此细节，可见项羽骄矜专横、唯我独尊的性格，也可见刘邦忍辱屈从、顾全大局的雄心。尤其是我们不得不遗憾地看到，项羽对项伯显然要重于范增，一个把自己的军情告诉了自己最大的敌人的人比一个最重要的臣还要重要，可能正因为如此，正确的建议才不能到项王耳边来。从对座次的描写中，我们看到项羽是一个没眼光、没心机、没谋略，任人唯亲的人。

甚至，两个“集团”的称呼，也值得玩味。也起到烘托人物形象的作用。

项羽“集团”，人前人后，皆称“项王”。而刘邦“集团”， 对外称“沛公”，在内称“大王”。

通过这样的分析，我们看出来，本文未直接写项羽的部分，通过写范增、项伯以及刘邦，还有刘邦阵营的张良等人，通过他们说话的内容、做事的方式、对项羽的态度，从侧面写出了项羽对政治的无知，少谋略，少主见，不果断，自大，不知人、不会用人等特点。这些内容起着“烘云托月”的重要作用，而且使人物形象更丰满，性格更鲜明，真可谓“烘云托月月更明”。

第三编

解锁作文

第一节
作文为何那么无趣

通常情况下，教师会认为批改学生作文是件十分痛苦的事情，尤其是考试作文。因为大部分学生是“假写作”，教师是“真无趣”。主要表现在以下五个方面：

1. 有空话无真情

很多学生在写人物、写事件时，开头一定要写一大段“往事如繁星、如流云”“翻开发黄的旧日记本”“很多回忆随风消散”之类的套话，结尾一定是“妈妈真伟大”“我的老师是世界上最好的教师”之类的口号。可谓是“废话、空话、套话，无一句真话，虚情、假情、矫情，无半点真情！”无论什么人，一定有一双“炯炯有神的大眼睛”，千人一面；无论什么事，总是“永远在记忆中怎么也挥之不去”，事事如此。

2. 重形式少内容

大部分中小学生写的作文开篇都用排比句，而高中生写的作文开篇往往引用名言警句。形式很华丽，内容很空洞。不少学生，无论什么作文，开头就是“烟花三月，未下扬州”，接下来可能是“我爸爸特别喜欢抽烟”，你很难看出这两句之间有什么关联，纯粹为了形式。

3. 喜堆砌无逻辑

很多学生喜欢用典故、名言，不管合不合逻辑，先拉来一堆，码成一片。如有的学生，在作文开头亮组排比句，第二段就是“我曾经看过这样一个故事”，一下复述四五百字，当教师正不耐烦之时，又来了一段“我还看过另外一个故事”。写完这些故事之后，你看不到任何论证和说理，就是“可见”“因此”或“显而易见”，或“综上所述”，最后得出一个“结论”——这结论常常是抄写一下作文题目。努力“找事”来证明题目里可能自己也不懂的“道理”，观点先行，逻辑低幼。

4. 没对象缺条理

很多学生在写作文时，心中没对象意识，作文不知写给谁看，也就不知道怎样才算把话讲明白。角度跳来跳去，东扯一句，西拉一把，常看得教师一头雾水，理不出头绪。

5. 多矫情少“人话”

某次考试考了题为“我与书的故事”的作文，不少学生写“走进书店，就有种无形的力量”让自己走向某书，还要“屏住呼吸，怀着紧张又期待的心情，颤抖着翻开书，如饥似渴地读起来”，不细看你根本看不出是写看书还是写入洞房。可以说，很多学生在作文里已经不能正常说话，要么唱高调，要么多矫情。字里行间，缺少想象，缺少灵气，缺少正常“人话”。

造成以上现象，我认为主要与以下原因有关：

1. 写作与真实生活完全脱节

写作归写作，生活是生活，二者是割裂的。例如学生写国庆长假和家人外出旅游，看到很多新鲜有趣的东西，但假期教师布置的作文题目却是《我与祖国共成长》。

2. 作文题让学生无话可说

对于学生写作文无话可说，我认为也不能完全怪学生，很多语文教师的写作教学启动模式往往非常简单粗暴。很多老师往黑板上弄个题，就开始“当堂”作文，学生本身并不喜欢教师的这种行为，但又不能反对，经常只能写些假、大、空的东西糊弄教师。根本无法写出真情实感。

3. 过早教了太多形式的东西

在这样一个应试教育时代，讲究形式，把握技巧已经成了拿到高分作文的唯一途径。如，小学老师让学生写好词好句，中学老师让学生写比喻、写排比，写题记，写小标题。到了高中就教段落整齐、典故堆砌。学生过早地接触这些形式类的东西，往往会忽略自己真情实感的表达。

4. 学生本身的阅读积累数量有限

急功近利的考试时代，学生忙刷题，无暇阅读、思考。

我们教师是不是可以在以下两个方面作点努力：

1. 让写作与生活联系更密切

让学生有表达的欲望，而不是教学生纯技巧型、套路型写作，无奈地“硬挤”。努力淡化作文概念，强化生活意识，让写作形式多样化，生活化。如教师可以让学生写些游戏规则说明、自我介绍、采访、通知、辩论、招标、广告、试验记录等作文题。总之，要改变写作教学启动过于简单的现象，鼓励学生积极参与生活，体验人生，有感而发，言为心声。

另外，不过早过多地用形式层面的东西评价学生的作文，不要打击学生的“创作”冲动。真正实现学生有自由、有个性、有创意的表达愿望。

2. 多让学生写书信

朱自清强调写作时应该有“读者意识”，叶圣陶强调作文是“有所为的”。夏丏尊曾系统论述“文章的六种态度”即：①为什么要做这文？（目的）②文中所要述的是什么？（话题）③谁在做这文？（作者）④在什么地方做这文？（环境或场合）⑤在什么时候做这文？（时代观念）⑥怎样做这文？（方法）。

很多学生在写作时，不知写给谁看，心中没有明确的对象，也没有明确自己以什么样的身份写，更不知道用什么样的语体写，也就不知道该写到什么程度。多让学生写书信，才能改变学生在写作中没对象意识的现象。简单概括，就是明确：“我是谁”“写给谁看”“想达到什么目的”。

让学生写作文由“表达作文”向“交流作文”转变。让情境作文、任务作文、交际作文、自由作文充满学生的写作空间，才是教师需要教给学生的。

写作的八个思维问题

第二节

这道作文题好在哪里

我们先来看一道高考作文题：

（2015 年全国卷）因父亲总是在高速路上开车时接电话，家人屡劝不改，女大学生小陈迫于无奈，更出于生命安全的考虑，通过微博私信向警方举报了自己的父亲；警方查实后，依法对老陈进行了教育和处罚，并将这起举报发在官方微博上。此事赢得众多网友点赞，也引发一些质疑，经媒体报道后，激起了更大范围、更多角度的讨论。

对于以上事情，你怎么看？请给小陈、老陈或其他相关方写一封信，表明你的态度，阐述你的看法。

要求综合材料内容及含意，选好角度，确定立意，完成写作任务。明确收信人，统一以“明华”为写信人，不得泄露个人信息。

我先说说这道题的审题。

有人认为这道题不需要审题，可以随便写，这恐怕是误解。材料中的“以上事情”包括三件事情：①小陈举报父亲；②警方处罚并公布在微博上；③此事引起更大范围的讨论。

最容易出现的问题就是考生没有仔细审题，看到这个题就给小陈的父亲老陈写信，大谈开车打手机的危害，或交通安全的重要性。如果举报人的身份不是女儿，她举报的人不是自己的父亲，那么这则材料的教育意义就没有这么大，警方自然也没有发布到网上的价值，网友的讨论更没有依附，所以女儿举报父亲是核心事件，警方公布的原因、大家讨论的原因都是基于这一点，不能抛开这一点谈交通安全。

从三件事的角度都可以立意。

从小陈举报父亲的角度看。此事之所以引发争议，焦点在于：女儿应不应该举报自己的父亲。在有着“亲亲相隐”的人伦传统的中国，女儿举报父亲违法，是否有悖伦理？能否称“大义灭亲”？可曾显“人性之恶”？是否是“情”与“法”之间的权衡与选择？以上这些都有辨析的必要。观察一件事的性质，不能脱离其起因、动机和结果。从材料中的“总是”“屡劝不改”“迫于无奈”等词语来看，女儿举报父亲是无奈之举，其实质是想通过提高父亲的违规成本，引起父亲对生命安全的重视，迫使父亲文明行车，其动机和目的都源于关爱与良善，是借助于“法”，珍视“命”，表达“情”。

从警方发布的角度看。安全的维护离不开公众的参与，对公共秩序的维护人人有责。警方也正是基于这样的认识，将私信作处理后公之于众。可谓抓住契机，借公众舆论将典型事件广为传播，让遵规守法的理念深入人心。当然，除鼓励举报外，还有没有更有效的方式加强监管力度，也有可商讨之处。因为如果法规没有执行的力度，往往最终会陷入“法不责众”的尴尬，好制度会约束人们的行为，使之趋善避恶，学生也可据此向交通执法部门建言。

还有，网友和媒体在其中的作用也可构成观察角度。如果考生关注时事，对这一新闻有所耳闻，持续关注的话，就会发现不同媒体的舆论导向有别，如何有理有据地开展批评，避免借公共言论平台构成侵扰和伤害，将公共的讨论引向积极建设与反思，或许也就有了讨论的可能。

总之，材料虽设置了情境和任务，但审题也需重视。

下面我重点从这道题的写作形式上谈一谈。尽管这个题产生了诸多争议，不过这些争议大多是基于这则材料的内容层面。从作文材料的形式层面（要求写书信）来看，我是十分赞同的，因为这则材料反映了中学作文几点值得思考的问题。

一、为什么我们的作文教学那么尴尬？

实话说，在应试格局中，高中写作教学的现状是非常尴尬的，这主要体现在两个方面。一个是教师“不作为”。作文教学表面上受重视，但实际上以考代教，写作的量不够，指导更不够，可以说学生的作文能力几乎处于一种自然生长的状态。另一个是学生“讨厌写”。为文造情、为理拉事，无情无思、空话套话的“中国式考试化写作”的现象非常普遍。《普通高中语文课程标准》中“能考虑不同的目的要求，以负责的态度陈述自己的看法，表达真情实感，培育科学理性精神”的要求在实际教学中远未实现。

为什么会有这样的尴尬呢？概括来说就是高中写作教学与学生生活严重脱轨。中学生明显感觉到平日的“训练作文”与实际应用的“生活作文”截然不同。因为“训练作文”不知在什么情境下，不知写给谁看，不知要实现什么目的，甚至不知“我是谁”。没有这些方面的准确定位，教师不知怎么评价，没有了评价的标准，自然不知该怎么教，只能“无为”了。作为学生，因为不能质疑题目本身，不知道写作和真实的生活有什么关系，就努力“找事”来证明题目里确定的所谓“最佳立意”（一个空洞的“道理”），胡拼乱凑，无病呻吟。因为某种“道理”可能学生自己也不理解，也不赞成，所以写作就变成一种“假写作”。让学生“有个性、有创意的表达”的愿望成了印在课标上的空文，通过中学写作教学培养学生的语言表达素养和学生的“公民”意识两个功能更是奢望。

二、“书信体”作文形式有哪些好处？

“书信体”，有三个方面的优势。

1. 情境真实，写作目的明确。对于材料中的事，“表明你的态度，阐述你的看法”。较之那些不能质疑、只能努力证明、貌似哲理和思辨的“最佳立意”式作文形式，这个作文题目本身就是真实的，有真实的情境、真实的问题，学生的写作目的才能非常明确，在真实的情境中辨析关键概念，在多维度的比较中说理论证。写这篇作文时学生有“参与生活，体验人生”的内在需求，写作文时就不会说废话和凑字数，或努力堆砌典故和名言等，而是指向问题的解决。写作不再是“挤”，而是“交流”。

2. 写作对象明确。这个作文题要求“明确收信人”，写作的对象是确定的，学生感觉是在真实世界里对真实的人说话，并且有明确的针对性，作文就不是单纯的表达，而是交流，学生需要说真话，讲道理，表达自己的伦理观、法制观。这样有助于避免滥用文采进行虚假表达。阅卷者对作文的评价也有了依据，如这样对“小陈、老陈或其他相关方”说是否合适？交际目的有没有实现？交流的方式怎么样？当有“据”可依时，阅卷者对学生作文的评价指向会更加明确。学生也可以自评：我这样对“他”说合适吗？我的交际目的实现得怎样？有没有更好的交流方式？这种作文形式可谓是“双赢”。

3. 有助于语体确定和学生自主思辨。情境的真实、目的的明确、对象的确定，都在一定程度上规范了写作文体的思维方式，对不同的对象选择不同的表述方式，学生就会考虑选择合适的语体。另外，该作文题改“要你思辨”为“我要思辨”，就改变了那种“不能质疑，你必须同意我的观点”的霸王条款式的写作，有了质疑才会有独立的思考，才会有真正的创新。考生不会“硬猜”或盲从命题人的意图，对问题只能作独立思考和判断，表达的是自己的见解，这样才能培养批判性思维与理性思辨。

三、我们的作文教学改革方向是什么？

这道作文题目反映出我们中学作文教学努力的方向。目前我们训练作文，主要是重表达的；以后我们应该走情境作文路线，重交际的。重表达的作文和重交际的作文有什么区别呢？概括地说，表达是自己说，交际是对别人说。具体来说，“对别人说”是一种“交际写作”，是一种有了真实的生活情境、明确的写作对象和目的的写作，是一种内容、方式、语体、结构安排都需要遵循明确的评价标准的作文，是一种在真实的情境中、运用真实的语言、展现真实的写作技能的作文。这样的作文有以下几个方面的好处：

1. 让作文和生活接轨。作文有了明确的对象，学生有了表达欲望，就易于激发学生的写作兴趣。

2. 让写作真正有话可说。当作文是“交流”形式时，必然有直接的或间接的写作对象，和对象“交流”的过程就是内容的生成过程，我要告诉对象什么，对象有什么需要，对象是怎么想的，我还要怎样说更能说服他或对他有帮助。这样就解决了“没的写”的问题。

3. 让作文不再“假”“编”“凑”。因为有具体情境和写作对象、写作目的的限制，作文写得好不好就有了“公开的标准”，胡编乱凑、无病呻吟的文艺作文，为理拉事、堆砌典故的作文就受了限制，这样就避免了“挤着写”的问题。

高考作文题只有回到写作的本质，营造具体仿真的写作情境，学生才能自由地表达与交流。从我们语文教师的角度来看，多给学生训练类似的作文题，这样中学作文教学才能回归正路，培养学生的语言表达能力的目标才有可能实现。

第三节
考场作文的“防守”策略

当一个考生铆足了劲儿准备写一篇55分作文时，离跑题就不远了。写高考作文如同下象棋，不能只想着“进攻”，不小心自家老将挂了——跑题了，那就亏大了。所以还应先做好“防守”工作，防守，就是要保证不低于平均分，不能让作文拖语文的后腿，在“防守”基础上再考虑“进攻”。我认为做好“防守”工作需考虑以下四点：审题、拟题、结构、书写。一般来说，若一篇作文字数足够，却没有得到42分，以上四个方面中一定至少有一个方面出了问题。

一、审题要审准 射箭打靶心

审题如打靶，关键在于确定好“核心事件”，这样才能确保打中靶心。打偏了，甚至打到别的靶上去了，作文就失了根本，语言、选材等方面再精彩，意义也不大。

比如，2015年全国卷有道作文题材料的核心事件是“女儿举报父亲”，正因为双方关系的特殊性——“女儿”和“父亲”，这个材料才有讨论价值，交警发布到网上、引发网友热议也都建立在这个前提下。如果学生将核心事件确定为“父亲开车打手机”，就偏题了，就会大谈交通安全，这样写作就偏题了，因为“要注意交通安全”是没有什么讨论余地的，以这个为主要内容，作文几乎就是在说废话，当然就更不能在考场上表现自己的写作水平。

蛇打七寸，箭射靶心，审准材料是考场作文“防守”的第一步。

二、拟题有原则 正确加明确

题好一半文，不可掉以轻心。作文的题目既要准确，又要明确。有的同学喜欢把题目拟得很“洋气”，追求诗意、新奇等。切记，“洋气”只能建立在正确的基础上。如果“洋气”的题目需要在作文内容中多作解释，那就不是好题目。

拟标题要符合哪些原则呢？

1. 议论文题目最好是观点句。通过题目能让人一眼看出你要写什么，你有什么主张，你持什么观点。

2. 不要引用。一般来说，如果你觉得你的立意恰好可以用一个名言或以前的高考题目来作为题目，要么这道作文题出得不高明，要么你的思维不高明。道理很简单，如果一个名言就能准确概括一则材料的主要内容，那命题老师为什么蠢到舍简不为，偏要烦琐呢？所以，如果高考时你拟出的题目是“知识就是力量”“仰望星空脚踏实地”“不忘初心”等，很可能是有问题的。想引用时，最好考虑，更换个别字来紧扣材料。

3. 不要节外生枝。比如有位同学写一个高考作文，题目叫“人生短暂，拥有勇气”。本来根据材料直接写“拥有勇气”就可以了，在题目中加上“人生短暂”，逻辑不严密不说，问题是还要花精力论证“人生短暂”，甚至可能会喧宾夺主。

4. 切忌大而空，要贴着材料写。比如一位考生的作文题目叫“小帮助，大影响”，这种题目就很大，应该扣住材料中是哪方面的帮助，产生的是哪方面的影响。

5. 不要自设圈套。有一个半命题作文叫“这种心情”，有一个同学填了个“最美丽”，我就建议他换成“很美丽”。本来作文表现“美丽”即可，如果有“最”字，就不得不在表现“最”字方面费很多周折。

三、阅卷时间短 结构要匀称

众所周知，考场作文的阅读时间较短，一定要很快抓住阅卷老师的眼球，所以作文很讲究“身材”。比如开头一段不能写得太长，否则就成“大头娃娃”了；比如各段要“凸凹有致”，详略得当。考场作文有七分法、九分法等，总的来说段落不能太少，三段论式的作文不可取。

四、书写不任性 卷面要干净

对于考场作文的书写问题，我在这里不想多赘述。需要考生写工整，写方正，让卷面干净，让阅卷老师看得一目了然。有一个小秘诀，每个字都不要有一笔触到格子纸的边线，而且离格子纸的上线最好控制在四分之一处，这样看起来效果会特别好。

做到了以上四个方面，算是守住了“后方”，保障了“大本营”，然后才可以考虑“进攻”。

第四节

考场作文的“进攻”策略

一篇作文若得分在48分以上，一定在以下三个方面有突出表现：思想深刻、内容丰富、语言出彩。实话说，做到这三个方面的任一方面都不容易，但考场作文在阅卷方面的一些特点，使得考生“临时抱佛脚”变得有意义。这些“进攻”策略，我们姑且称为：作深刻状、作丰富状、作有文采状。

一、内容上，作深刻状。

怎样才能让作文在内容上读起来更“深刻”呢？要么是“点”上的深，要么是“面”上的广，要么是“角度”上的与众不同。

先来说“点”上的深。

比如有一则“喜剧演员‘恶搞’花木兰，被要求道歉”的作文材料，一位考生的作文主体部分是这样论证的：

①花木兰非历史人物，谈不上恶搞，更谈不上亵渎。

②不要低估群众的辨别能力及对传统文化的传承能力。

③有的人对文化创新过于谨慎，动辄贴道德标签。

④时代多元化，让时间评价，要有文化包容之心。

在写议论文时，当大多数考生都喜欢堆砌典故，生拉硬拽地“论证”时，你能对一件事逐层深入地递进式思考，作文就显得很有说服力，很有深度，可以让阅卷老师青睐。

再说“面”上的广。

有一道关于“给野生动物喂食，使它们丧失觅食能力”的高考材料作文题，有的同学只想着“坚果的硬壳可能划破动物的胃粘膜”，或“动物吃饱了就不想动了，失去了野性”等，因为思维缺少迁移，不仅审题错误，而且写作的“面”也很窄，所以写作很难有深度。如果我们拓宽题目的“面”，想到“不恰当的爱会变成伤害”，进而想到父母对子女的教育问题，社会对弱势群体的关心和救助问题等，自然界“冷酷背后的真爱”等。这样就可以写很多实例，如中国有县城打出“热烈祝贺我县被评为全国贫困县”的条幅，联合国对非洲援助“越援越穷”，发达国家高福利使大家“恶意”不工作，国家的贸易保护主义反而使一些国有企业不思进取等，这些都是这种“爱”的“恶果”。

还有思考角度的与众不同。有一则关于“小学同学会上送手机”的材料，大多数同学都在写“莫让重礼玷污真情”，有一位同学就另辟蹊径，写“感情是小众的分享”，认为这个人的做法在他们同学的范围内只是表达情感的方式，无可非议，如果把这件事放到网上去讨论，会使这件事变了味道。这个思考角度就反映了他思维的新颖性。

二、选材上，作丰富状。

当大多数考生的思维水平都差不多时，作文内容上给阅卷老师耳目一新之感，能表现考生的见多识广，同样会受到阅卷老师的青睐。比如，谈及政治时写“水能载舟，亦能覆舟”，谈及美德时引用一句培根的“美德犹如名香，经燃烧或压榨而其香愈烈，盖幸运最能显露恶德而厄运最能显露美德。”若能在作文中将古诗与名言运用得恰到好处，则有画龙点睛，锦上添花的效果。所以，在作文中展示自己所知材料的丰富，赢得高分，屡试不爽。

高考作文阅卷也一样，大家的审题立意都差不多，只要你能够，就尽力在作文中引古论今、旁征博引吧。这就要在平时复习中多下点工夫，多积累素材，作好整理，考试时才能信手拈来。

三、语言上，作有文采状。

语言能力的提高是个慢功夫，出彩不容易，但因为考场作文评阅的“特殊性”，可以“作有文采状”。一般以下三招容易见效：变换句式、添加修饰语、多用修辞。

有一个例子可以很形象地说明变换句式使文句更有意蕴，如把“记得我九岁的时候”改成“那一年，我九岁”，我们就会感觉后者更有文采。

另外，学生多用短句、长短结合、骈散结合，都会使语言更富有表现力。

至于修饰语，适当地用也会增色，如在“江南”前加个“草长莺飞的”之类的，在议论文中，修饰语可能会使议论附加更多的信息，增强论证效果。还有类似的替换问题，比如把“张飞”写成“燕人张翼德”，用到“曼德拉”时，替换成“威尔逊曼德拉”，会让阅卷老师觉得你在语言上下了工夫，虽然实质上没有区别。不过，这些都要建立在适当的基础上，不能偏离作文的需要。

多用修辞也是一个给考场作文增彩的小技巧。修辞是语言艺术的花朵，在考场作文中恰当地运用比喻、拟人手法，可使语言生动形象，富于美感；运用排比、对偶句式，可使语言富于气势和韵律美；如果运用设问、反问句式，可使考场作文具有发人深省、引人入胜的魅力。

五招搞定议论文

第五节

故事类材料作文审题

每年高考后，中国大地就会掀起一阵“文化浪潮”，那就是全民“炒”高考作文题。你一言我一语，你赞同我反对，或激愤或慷慨，或简评或宏论，报纸杂志、电台网络，炒得不亦乐乎。人人皆可言，人人是专家。

2012年高考结束后，竟然有位名师在报上撰文评论安徽省作文题说，“城市空间紧张，梯子横放占地方，考生反其意而立，未尝不可，而且很有新意”。如果这都可以，敢问梯子斜着放或吊起来放不是更有“新意”？

正如高考物理题不是人人都能谈一样。如果真要谈，就要谈点专业知识，从专业视角来谈。

材料作文的立意等级分为四级，一类称之为“切合”，二类“符合”，三类“相关”，四类“无关”。所谓最佳立意，就是指“切合”。做到这一点的立意，主要指切合两个方面：切合材料主旨和切合命题人意图。两点的交集即为最佳立意。

以故事类材料作文为例，什么叫“切合材料主旨”，其中最常用的一种办法就是看故事的结局。举个例子来说，“一只蚂蚁要翻过一块玻璃挡板，爬上去掉下来，爬上去掉下来……”大家看，如果故事就到这，我们并不明白材料的主旨，如果给材料设一个结局——“在失败了无数次之后，蚂蚁终于翻过了这块玻璃挡板。”这就便于我们思考了。故事的结局往往反映了材料要表达的中心思想。这个材料的立意角度就是“坚持终会胜利”，我们可以写在失败面前不气馁，继续努力，终会成功。如果结局是“蚂蚁一辈子都没有翻过去，最终死在了玻璃挡板下。”这也明确了主旨，学会变通，不要在一棵树上吊死，学会寻找另外一条路，人生需学会“另起一行”等。像高考题这样一段不是太长的故事材料里，结局无疑是判断材料主旨的重要依据。

当然，高考题，恐怕很少有像我举的例子这么简单的，不过它们的原理都是相通的。比如把这个题改造一下，没有故事结局。“一只蚂蚁要翻过一块玻璃挡板，爬上去掉下来，爬上去掉下来……一个人看到了说：‘多可怜的蚂蚁呀。’一个人看到了说：‘多可敬的蚂蚁呀。’一个人看到了说：‘多可爱的蚂蚁呀。’一个人看到了说：‘多可悲的蚂蚁呀。’这个没有结局的材料怎样审题呢，那就要看第二点“命题人的意图了”。这样一则材料，命题人的意图是任选一个角度来写都可。

不过，有时作文命题人的意图没有这么明显，那么，我们该怎么判断呢？最常用的一种办法是寻找材料中有感情色彩的词句或有感情倾向的词句。最有代表性的是这道全国卷作文题：

（2006年全国Ⅰ卷）一只老鹰从鹫峰顶上俯冲下来，将一只小羊抓走了。

一只乌鸦看见了，非常羡慕，心想：要是我也有这样的本领该多好啊！于是乌鸦模仿老鹰的俯冲姿势拼命练习。

一天，乌鸦觉得自己练得很棒了，便哇哇地从树上猛冲下来，扑到一只山羊的背上，想抓住山羊往上飞，可是它的身子太轻，爪子被羊毛缠住，无论怎样拍打翅膀也飞不起来，结果被牧羊人抓住了。

牧羊人的孩子见了，问这是一只什么鸟，牧羊人说：“这是一只忘记自己叫什么的鸟。”孩子摸着乌鸦的羽毛说：“它也很可爱啊！”

一方面，这是一个有结局的故事，“爪子被羊毛缠住，无论怎样拍打翅膀也飞不起来，结果被牧羊人抓住了”。另一方面，牧羊人的回答显然不是生活逻辑的回答，而是有感情色彩的文学逻辑的回答——“这是一只忘记自己叫什么的鸟”；小男孩的话既是生活逻辑也是文学逻辑“它也很可爱啊”。这两句话都有明确的感情色彩，鲜明地表现出命题人的意图：既可以从贬乌鸦的角度写，也可以从褒乌鸦的角度写。

再看一则作文材料：

有一只鸟，一生只唱一次歌。它一直都在寻找着荆棘树，把自己的身体扎进最尖的棘刺上，在那荒蛮的枝条之间放开歌喉，那歌声使云雀和夜莺都黯然失色，整个世界都为之倾倒。在歌声中，它超脱了自身

的痛苦，最后曲终而命竭。

最美好的东西只能用深痛巨创来换取，正如完美，只是一种传说。

这则材料作文不仅有鲜明的感情色彩，而且材料最后还有倾向明确的议论。从生活逻辑上来说，可能会有人认为荆棘鸟是只傻鸟，为了歌唱一次的虚荣付出了生命的代价。但文中的“那歌声使云雀和夜莺都黯然失色，整个世界都为之倾倒。在歌声中，它超脱了自身的痛苦”明确表达了命题人的意图，议论语句正是材料要表达的中心思想。

材料作文题一定要学会审题。所谓审题，简单说，就是一个游戏的组织者向你讲述一个游戏的规则，你听完后，要明白这个游戏要在什么范围内玩，以哪种方式玩。

那么，每年高考结束，很多考生跑题，还有很多外行人的点评偏离立意，其主要原因不外乎两个，一是思维和游戏组织者（作文命题人）不在一个平台上。二是用生活逻辑来思考文学逻辑。

什么叫思维和游戏组织者（作文命题人）不在一个平台上，我举个打电话的例子：

喂，119吗？我家失火了，请快来帮忙。

什么地方？

我家。

你家什么地方？

厨房。

我是说我们怎么才能到你家？

你们不是有消防车吗？

什么叫用生活逻辑来代替文学逻辑，刚才在分析作文题时已经作了分析。为了说明形象一些，我再以下面这道作文题为例作点分析。

两条小鱼一起游泳，遇到一条老鱼从另一方向游来，老鱼向他们点点头，说：“早上好，孩子们，水怎么样？”两条小鱼一怔，接着往前游。游了一会儿，其中一条小鱼看了另一条小鱼一眼，忍不住说：“水到底是什么东西？”

看来，有些最常见而又不可或缺的东西，恰恰最容易被我们忽视；有些看似简单的事情，却能够引发我们深入思考……

有人展示了一篇作文，题目叫“给鱼儿一片纯净的水”，是写环保主题的，说是天津考场作文，得了很高的分，我绝不相信天津高考阅卷教师会糊涂到这种地步。这就是典型的置材料主旨和命题人意图于不顾，完全用自己的生活逻辑来胡乱想作文立意的例子。这个故事既有结局，最后又有倾向鲜明的议论句，审题并不难。

第六节

故事类材料作文的三种类型

对于故事类材料作文的审题目标，简单说就是既符合材料主旨又符合命题人的意图。符合材料的主旨即看材料里故事的结局；符合命题人的意图，即看材料里有感情倾向的词句。从这两个方面考虑，我们可以把故事类材料作文题按难度分为三类。

一、有结局且有倾向

材料里既有故事结局，又有感情倾向的词句，这是故事类材料作文中审题较为容易的一种。因为通过这两个方面就能既看出材料的主旨，又能看明白命题人意图，立意较为简单。例如：

一位商人发现并买下一块晶莹剔透、大如蛋黄的钻石。他请专家检验，专家大加赞赏，但为钻石中有道裂纹表示惋惜，并说："如果沿裂纹切割成两块，能使钻石增值；只是一旦失败，损失就大了。"怎样切割这块钻石呢？商人咨询了很多切割师，他们都不愿动手，说是风险太大。

后来，一位技艺高超的老切割师答应试试。他设计了周密的切割方案，然后指导年轻的徒弟动手操作。当着商人的面，徒弟一下子就把钻石切成两块。商人捧起两块钻石，十分感慨。老切割师说："要有经验、技术，更要有勇气。不去想价值的事，手就不会发抖。"

这则材料里的故事是有结局的，"一下

子就把钻石切成两块”。结合第一段中的“风险太大”，由此我们就可以看出材料的主旨是不怕风险，才能取得成功。而老切割师的话，带有明显的感情倾向——“更要有勇气”，体现了命题人鲜明的意图。两方面结合起来就很容易看出这则材料的最佳立意，可以写“拥有勇气，方能成功”，也可以写“成事需放下顾虑”。再例如：

周末，我从学校回家帮着干农活。今春雨多，道路泥泞，我挑着一担秧苗，在溜滑的田埂上走了没几步，就心跳加速，双腿发抖，担子直晃，只好放下，不知所措地站在那里。

妈妈在田里插秧，看到我的窘态，大声地喊：“孩子，外衣脱了，鞋子脱了，再试试！”

我脱了外衣和鞋袜，卷起裤脚，重新挑起担子。咦，一下子就觉得脚底下稳当了，担子轻了，很快就把秧苗挑到妈妈跟前。

妈妈说：“你不是没能力挑这个担子，你是担心摔倒，弄脏衣服，注意力不集中。脱掉外衣和鞋袜，就甩掉了多余的顾虑。

这则作文材料也是有结局的，“一下子就觉得脚底稳当了，担子轻了，很快就把秧苗挑到妈妈跟前”，很容易由此看出材料的主旨。妈妈的话也带有明确的感情倾向，或者说是对这个故事结局做了分析，而“甩掉多余的顾虑”可也算是“直接点题”，道出了最佳立意。

二、有结局或有倾向

这一类故事材料作文只有故事结局没有感情倾向，或者只有感情倾向没有故事结局，在审题上较之第一种，难度稍大一些。例如：

一个游客去波罗的海海滨度假，找到一处房屋，打算同房东——一位和蔼可亲的老人签下租房合同。老人劝他不妨先试住几天，看究竟合适不合适，再作决定。

游客住下后感到很满意。到第5天，将要签合同时，却发生了一点意外：一个精美的玻璃杯被他不小心打碎了。他有些忐忑不安地打电话告诉了老人，老人说：“不要紧，你又不是故意的，我过来签合同时再拿一个来。”游客把玻璃和屋里的其他垃圾打扫了。不久，老人来了，进屋后就问：“玻璃杯碎片呢？”游客回答说，已装进垃圾袋，放到门外了。老人赶紧出门，打开垃圾袋看过后，脸色凝重地对游客说：“对不起，我不再把房子租给你了。”

然后，老人仔细地将玻璃碎片一一捡了出来，放入另一个垃圾袋，写上“玻璃碎片，危险！”

这则材料是有结局的，老人不愿意把房子租给游客了，并把玻璃碎片拣出来放在另一个垃圾袋上，写上“玻璃碎片，危险”。

虽然没有有感情倾向的词句，但我们通过用“以果溯因”的办法，即思考“老人为什么不愿意把房子租给游客了”，或思考“老人为什么将玻璃碎片装入另外一个垃圾袋，并写上‘玻璃碎片，危险’”。答案就是立意角度，可以从“责任”“关爱”“善良”“细节”等角度入手来写。

这一类的故事材料作文并不是在高考题中第一次出现，如下面这则作文材料：

这是一个发生在肉类加工厂的真实故事。下班前，一名工人进入座冷库检查，冷库门突然关上，他被困在了里面，并在死亡边缘挣扎了5个小时。

突然，门被打开了，工厂保安走进来救了他。

事后有人问保安：“你为什么会想起打开这道门，这不是你日常工作的一部分啊！”保安说：“我在这家企业工作了35年。每天数以百计的工人从我面前进进出出，他是唯一一个每天早上向我问好并且下午跟我道别的人。”

“今天，他进门时跟我说过‘你好’但一直没听到他跟我说‘明天见’。”

“我每天都在等待他的‘你好’和‘明天见’。我知道他还没有跟我道别，我想他应该还在这栋建筑的某个地方，所以我开始寻找并找到了他。”

这是一个有因有果的完整故事，我们只要从故事的结局入手，寻“果”即“为什么保安能找到工人并救了他”？就可以得出“因”：从保安角度看，是关注细节；从工人角度看，因为他懂得尊重他人。而这种因果关系正是作文的立意角度，如“尊重他人方能赢得尊重”，“送人玫瑰，手有余香”“细节关乎大事”等。

也有的作文材料只有感情倾向，没有故事结局，比如有这样一则材料：

武汉大学里面有一个樱花园，很多大学生穿着和服在树下照相。一个韩国留学生很不解地问她的导师，为什么他们要穿着和服照相呢？我们韩国也有樱花，但是从没人穿着和服照相。导师苦笑一声，没有回答。

导师“没有回答”，看似一个没有结局的故事，但命题人的意图却通过导师“苦笑”的感情倾向表现了出来，我们审题时就不能写“要包容多元文化”，而要“以情溯因”，思考导师为什么“苦笑”呢？从而得出立意角度，如“盲目崇拜外来文化”“缺少民族文化自信”等。

三、无结局且无倾向

这一类故事材料作文是三种作文题中最难的，每年高考出现此类作文题，往往引发激烈的争论。之所以会这样，是因为这类材料从表面上看没有故事结局和感情倾向，在审题上，却增加了推测材料主旨和命题人意图的难度。例如：

某公司车间角落放置了一架工作使用的梯子。为了防止梯子倒下伤着人，工作人员特意在旁边写了条幅“注意安全”。这事谁也没有放在心上，几年过去了，也没发生梯子倒下伤人的事件。有一次，一位客户来洽谈合作事宜，他留意到条幅并驻足很久，最后建议将条幅改成“不用时请将梯子横放”。

对于这一类无结局无倾向类的命题，我们唯一能做的只有通过经验暗示找到材料的主旨。即我们的生活或情感经验会引发我们思考：这样做的结局可能是什么，从而推测出命题人用这则材料想表达什么感情倾向。我们的生活经验暗示我们，梯子横放比竖放更能防止倒下伤人事件的发生，竖着放写个条幅，仍有安全隐患。“梯子横放”才真正做到了安全，才能关注到细节，才从根本上解决问题。我们的情感经验会暗示我们，所谓“注意安全”不过是一种推卸责任的自我保全，而将“梯子横放”才是务实的做法，才真正将关怀落到了实处。

这样分析之后，我们就会看出这则材料实际上有三个立意角度：①从源头（根本）上解决问题”；②做事要落到实处；③关注事情的细节。

其实，我们发现前面两种类型的材料，只要稍作调整，去除了故事结局和材料中的有情感倾向的词句，就变成这一类的作文题了，比如前面我们举的2012年全国大纲卷的材料，只要我们删去后两段，也是一个完整的作文材料：

周末，我从学校回家帮着干农活。今春雨多，道路泥泞，我挑着一担秧苗，在溜滑的田埂上走了没几步，就心跳加速，双腿发抖，担子直晃，只好放下，不知所措地站在那里。妈妈在田里插秧，看到我的窘态，大声地喊：“孩子，外衣脱了，鞋子脱了，再试试！”

如果只有这两段材料，能不能得出立意呢？也是可以的。这里有生活的经验暗示：妈妈田间劳动的经验肯定是比“我”丰富的，她能很快看出“我”“窘”的原因，并给“我”提出了建议。也有情感的经验暗示：“我”之所以会“只好放下，不知所措地站在那里”，因为“我”还有顾虑。这样思考之后，能同样得出材料的立意角度。

明确了故事类材料的这三种类型，我们就可以“对症下药”，采取合适、正确的方法审题了。这样，我们的审题方法就不是“凭感觉”，而是具有一定的“专业性”，不会“不见泰山”或“雾里看花”，而是胸有成竹，一箭中的。

第七节
怎样把打呼噜写精彩

学校考试作文题目为《寄宿生》，很多同学写到宿舍里有打呼噜的，写得都很笼统，缺少细节和侧面描写，我也写了一篇，供学生娱乐、体会。

呼噜王又高又胖，打呼噜是出了名的。

很多年前，他出差住旅馆，第二天老板娘加收他5元电费，因为他睡的那一层的走廊声控灯一夜未灭。

我有一位很友善的同事，打呼噜也很厉害，每次出差他就发愁，怕对不住和他住一个房间的人。恰好有一次他和呼噜王一起住，两人互相谦让，让对方先睡。那晚，这位友善的同事睡了半小时就被吵醒了，半夜一点，实在受不了，卷着被子到酒店大厅坐到天亮。从此以后再也不觉得自己打呼噜响了，每谈及这事，就感叹："天外有天呀，人要谦虚呀！"

听过呼噜王的故事很多次，自己却一直未领教过。

一次，很多人一起出差，坐的是卧铺火车，我和呼噜王在一个车厢，位置在他旁边的人纷纷嚷着要换座，包括几位打呼噜也很出名的人，连连说自己段位太低。我很庆幸自己在车厢另一头，中间有十几米呢。

十一点时，呼噜王喊大家快点睡，他要等大家睡着了才睡，笑着说："都快睡吧，要不就没机会了，别怪我没打招呼！”我没放在心上，看了一会书，车厢里慢慢安静下来，只听到铁轨“咔嚓咔嚓”的声音。

不一会，我就听到了他的呼噜声，声音确实很大，而且很饱满，持续不断。不过，似乎并没有大家传得那么出格、夸张，也许是因为离了十几米远，我觉得还可以忍受，我甚至迷迷糊糊地要睡着了。

但很快我就知道自己低估了“形势”。前面只是他的酝酿、试声阶段，他还没有开始真正发力。十几分钟后，他就把声音上调了八度，由饱满而变得尖细，由均匀而变得急促，像火车在不断地加速，像玻璃在不停地颤抖，像电锯在紧张地工作，越来越大，越来越急，越来越像大卡车拼命冲上一个陡坡。我的睡意一下子消失了。

就在我觉得已经没法忍受时，他又将声音调到了一个不可思议的高度。这高度，已经让我不敢相信他是在打呼噜，那分明是在怒吼；让我不敢相信是一个人发出来的，像一群人声嘶力竭地争吵，甚至让我不敢相信声音是由人发出的，分明是头愤怒的巨狮在咆哮。而且里面有一股非常刺耳的声音直钻向人的耳洞深处，像咬牙切齿的呻吟，像碎冰在搅拌机里翻滚，像电钻钻到了混凝土里的钢筋。

他的呼噜声已经完全掩盖了火车响亮的“咔嚓”声，在夜晚的旷野里奔腾。我把耳机戴上，丝毫不起作用；用外套包住头，死死地压在枕头上，仍是无济于事。那一夜，我特别希望有不断飞驰的火车经过，声音越响越好，因为只有两列车呼啸而过，才使他的声音短暂示弱。

不久，他的“震天吼”没有过渡地转入恐怖模式。声音突然中断，正在你大吃一惊时，又以更高的声音接上去，然后又中断，发出极为努力的让人揪心的“吭吭”声。有人担心说：“把他喊醒吧，喘不过来了。”但很快他又以更凶猛的声音来接应，极其愉快地发出长长的“吁——”声，这“吁”声极长，又极为清晰，你能清楚地感觉到他喉咙里的沟沟壑壑……后半夜，他如此往复，循环播放，车厢里一大半人都起来了，叹着气走来走去，还有的躲到别的车厢去了。列车员也被喊来了，无奈地笑笑，又走了。

到目的地，导游把他的房间单独安排，嘱咐工作人员一定把他和其他人的房间隔开两层以上。

出差那几天，大家都感觉那令人恐怖的呼噜声一直在耳洞里钻来钻去，挥之不去，给人留下心理阴影。参观抗战纪念馆时，一个木讷的同事嘟囔一句：“惩罚那些战犯，就让他和呼噜王一个房间睡一晚上！”

直到今天，每每想起此事，头皮仍像针扎一般。

单位评选最美家属，呼噜王的老婆高票当选。

第八节

怎样阅读才能提高作文水平

很多家长和语文老师说，孩子读了很多书，为什么作文还写得那么差？

这里我要说一个真相，一般的阅读是不能提高写作水平的。

很多人肯定很吃惊，因为大家得到的信息就是要想提高写作水平，就要多阅读。其实你仔细想一想，有人经常看新闻，他就会写新闻么？有人经常看世界名著，他就会写世界名著么？再比如看别人游泳，看别人骑自行车，能不能学会游泳、骑自行车？显然不能。当然如果你本来就会游泳，就会骑自行车，看别人游，看别人骑，有可能提高你的技术，让你游得更快，骑得更好。也就是说，纯休闲、纯欣赏式的阅读是不能提高作文水平的。

我觉得要提高作文水平，就必须站在创作的角度来阅读。举一个例子。以前有一篇高考满分作文《蓝色蛹·金色蝴蝶》，里面有这样一句“母亲临死前冰凉的手指，父亲的叹息，后母的面孔……在我眼前飞转，织成一张无形的网，我想逃，无奈跑不出去。”这里的“母亲临死前冰凉的手指，父亲的叹息，后母的面孔”其实是用了很高的技巧的。

我来分析一下。

首先，这种写作手法体现了出色的剪辑技巧，类似于电影的蒙太奇手法，三个镜头，时间向前推移，事情在向前发展，节省了大量的文字。如果换成一般的叙述，说母亲因为某某原因去世了，我非常悲痛，父亲也很难过，后来父亲终于走出了生活的阴影，又为我找了一个后妈，我心里不能接受她，一看到她的面孔，我就怎么怎么样……这不光是费文字的事，而且完全没有美感，就是记流水账，停留在低幼写作阶段。

其次，这里的细节抓得特别好，引发人想象，给人深刻印象。这里的手指、叹息、面孔的选择，非常见功力。为什么写母亲的手指？手指体现出我拉不住母亲，母亲弃我而去了这层意思。在“手指”前面加一个“冰凉”作修饰，更显示出这个主人公悲凉的心境。我们仿佛看到了一个可怜的孩子紧紧握住母亲已经冰凉的手指，悲痛不已的画面，这就给了我们强烈的视觉冲击和心灵震撼。

最后，“冰凉的手指”“父亲的叹息”“后母的面孔”这三个短语，都是偏正结构，放在一起做后面这个句子“在我眼前飞转，织成一张无形的网”的主语。这样写更具有画面感。虽然文字较少，但是有效信息比较大，也就是说句子的密度很大。好的作文它应该像松树，长得慢，但长得扎实，密度大。差的作文像是泡桐树，材质松。

这就是站在创作的角度来阅读。

再举一个例子。

《道士塔》是余秋雨《文化苦旅》中的一篇文章，里面有一些关于圆寂塔的描写。寺庙里的圆寂塔我们都见过，各处都差不多，像一个放大了的圆锥体。我们来想一想，如果我们来写，第一感觉可能是没有什么可写的。

我们来看一看余秋雨是怎么写的。他只用了 12 个字：“塔呈圆形，状近葫芦，外敷白色。”这个地方余秋雨的描写是以精准见长，而且语言非常典雅。三个短句，有形、有状、有色，而且用“呈”字写形，用“近”字写状，用“敷”字写色，极有分寸。文言的表述，配以四字的句式，和谐优雅，非常见功力，使塔的形象如在眼前。既注重遣词，又注重形式，这就叫好的描写。

如果一个人在电影院里只会跟着剧情流泪，就绝不会成为好导演。一个能成为好导演的人，他一定是在看别人的电影怎么拍出来的；我们只有站在作者怎么写的角度去读书，才有可能发现写作秘诀，才能提高写作水平。

第四编

闲话表达

第一节

烛之武的谈话艺术

生活中，人们常碰到这样的劝说情形，同样一件事，有人能把人说笑，有人却把人说跳。究其原因，主要是前者掌握了一定的劝说艺术，而后者却不懂得这一点。那么怎样才能掌握劝说这门语言艺术呢？

《烛之武退秦师》是高中课本里面的一篇文章，讲述的是，在大军压境的背景下，烛之武见秦伯，仅仅说了一百多字，就收到了“秦伯说”且“与郑人盟”的神奇效果。烛之武究竟说了什么，怎么说的？我们来看看。

秦晋围郑，有两个理由，“无礼于晋”和“贰于楚”，这两条都与秦国没关系。秦国为什么来围？显然为“利”。其为利而来，自以利退之，这就是烛之武的总体思路。

动之以情、晓之以理、诱之以利、挑拨离间是烛之武进行劝说的四大步。

首先通过动之以情来取得对方的信任，所以烛之武先说“秦晋围郑，郑既知亡矣”，表明自己的中立立场，似乎在说自己与郑国没有关系，这是劝说的前提，不能让秦伯上来就感到来者是劝我的、求我的，这样会引发秦伯的戒备之心或敌对情绪，这样劝说的效果就会大打折扣。烛之武还用了八个“君”字，在保持中立的同时，又努力站在秦王的角度说话。接着晓之以理。然后亮明观点：“若亡郑而有益于君，敢以烦执事。”这话说得相对含蓄，表达的意思就是“灭了郑国，对秦国是无利的”。这对秦伯来说是个很新颖的观点，因为前面我们分析了，攻打郑国的两个原因都与秦国无关，秦师为何会来？无非为一“利”字。现在烛之武说是无利的，秦伯很好奇。

“越国以鄙远，君知其难也。”这句话交代得很清楚。虽然晋国许给你秦国很多好处，让你灭了郑国后得到郑国的土地，但这是不可能实现的。晋国许给你秦国的好处，最后都会归为晋国的，那么自然是“邻之厚，君之薄也”。

再来诱之以利。如果秦国不攻打郑国，郑国也不会忘记秦国的恩情。因为烛之武看清楚了，秦伯就是要“利”，来打郑国就是一件利欲熏心的糊涂事，那么就再“熏”他一下，郑国也给“利”，“若舍郑以为东道主，行李之往来，共其乏困，君亦无所害”。而且这话既说得委婉，又清楚地表达了意思。

最后，还要挑拨离间一下。要切断秦和晋的关系。烛之武从两个方面进行挑拨。一个是回顾过去，一个是展望未来。回顾过去，晋对秦出尔反尔，忘恩负义，实在可恶；展望未来，其居心叵测，随时翻脸，更要占秦国便宜。

“且君尝为晋君赐矣，许君焦、瑕，朝济而夕设版焉，君之所知也”。当一个人说一个众所周知的话题时，往往居心叵测、动机不纯。这是在故意点秦王的痛点、揭秦王的伤疤，引发其对晋的不愉快回忆。为增强效果，说完后烛之武痛心地点评“夫晋，何厌之有”，好像自己与秦王是好朋友一样，痛骂晋国。“既东封郑，又欲肆其西封，若不阙秦，将焉取之”。紧接着，烛之武大胆推测，合理判断，晋国将来一定会损害秦国利益。

观点又深入一层，秦国本来为利而来，烛之武认为打郑国秦国不会“有利”，还有害；接着自然地过渡到打郑国将“阙秦”，这是晋国没安好心，挖的坑，使秦王幡然醒悟。

最后烛之武冷静且轻描淡写地说：“阙秦以利晋，唯君图之。”再回到中立立场，但观点已经表达得非常明确了，感情倾向也是非常清楚了。

一段完美的劝说辞。

烛之武退秦师，表现出他高明的心理战术和精彩的外交辞令。我们也为他不卑不亢、委婉曲折、机智善辩的口才而折服。这段完美的劝说辞，足以让烛之武名扬天下，足以让我们借鉴其智慧。

会说话关键是思维——以《烛之武退秦师》为例

第二节

建议的角度很重要

《战国策》是战国时期谋臣策士游说之辞的汇编。为了劝说君主采纳自己的政治建议，这些谋臣策士成功使用了一些言语行为策略，至今仍闪耀着智慧的光芒。《触龙说赵太后》就是其中脍炙人口的名篇，我们来看看这里的触龙是怎么提建议的。

赵太后刚上台，赵国就面临着“外患内忧”：外患——秦兵进犯，内忧——赵太后不但不答应齐国的“必以长安君为质”方出兵援助的要求，反而在拒绝不少大臣的“强谏”之后，发出警告，谁要是再提让长安君做人质这件事，我老太太就将口水吐他脸上。可就在她把话说绝之后，老臣触龙出场了。

触龙如果张嘴就说：“关于长安君这件事……”“呸！”话音未落，他的脸上就会被吐一脸口水。可是，触龙有备而来——“入而徐趋”，这是准备好了要表演呀。来了就“谢”，即道歉，说自己好久不来看望太后的玉体，太后便敷衍回答“恃辇”“恃粥”。心想：你少来这一套，想绕我，门儿也没有；反正你不说就算了，只要你提长安君的事，我就吐口水到你脸上，别怪我不给你老臣面子。

触龙接着没话找话，你有病，我也有病；你不想吃饭，我也不想吃饭——找和太后的共同点。然后说：“我给你个小秘方，多走路，就想吃了，我试了，可灵了。”果然太后放松了警惕，“色少解”。

戏继续演。触龙顺着自己年老多病的话题，主动说出自己这次拜见太后的“不可告人”的目的，自己即将老去，但对最小的儿子放心不下，想凭借私人关系替爱子在太后那里谋个位子。好一个美丽的谎言！果然，太后完全放松，噢，原来触龙是为这事来的，“敬诺”——没问题，别说补黑衣，只要不让我儿子去做人质，你儿子补啥都行——“多大了？”太后问道。“十五了”。话到此，也许就完了，触龙的所有设想都泡了汤。妙就妙在触龙在“十五矣”后又加了一句“虽少，愿及未填沟壑而托之。”这一句正叩在太后的心坎上：知己呀，英雄所见略同，谁不疼自己的小儿子呢，那可是亲生的。自然情不能自已：“丈夫亦爱怜其少子乎？”好，鱼儿上钩了。触龙没有直接说“是啊”，故意要激一下太后，说“甚于妇人”，意为男人爱子比女人爱子更多。太后果然把钩咬得更紧了，笑曰“妇人异甚”。时机成熟，触龙提竿拔线：“我认为您爱女儿比爱儿子厉害。”触龙在这里实际上是偷换了话题，由讨论男的和女的谁更爱自己的小儿子偷换到太后更爱儿子还是女儿。这时触龙虽提到了长安君，但没使太后有强烈的反应，她急于表明个人观点：“你错了，还是爱长安君爱得厉害。”好了，触龙不能再客气了，抓住时机：“父母之爱子，则为之计深远。”对燕后的爱是计深远之爱，这才是真正的爱。太后恍然大悟，触龙也是为长安君做人质这事来的呀，我中了圈套。然无话反驳，只得言“然”。

左师公开始长篇大论，这段话才是他来真正要说的话。核心是赵太后不愿让长安君做人质，这不是计深远之爱，这是害，以后会害了他——国家危急，救国要紧，国之不存，儿子安附？太后哑口无言，左师公说的有道理。只得说：“唉，我那小儿子，随便你们怎么摆弄吧”——大功告成。

建议再正确，也要讲究方式。有时被劝的人明知自己错了，但就是接受不了别人劝说的态度或方式。不按建议做，自己也非常沮丧、恼火，但就是咽不下一口气。这时如果别人帮他想个理由，给他个台阶下，也许就接受建议了。所以，说话人切入的角度、站的立场、建议前的预热都非常重要。从这点来说，我们得向《战国策》里的这位触龙学学。

怎样劝说——以《触龙说赵太后》为例

第三节

“关于”和“对于”的区别

“关于”与“对于”都是介词，都能带宾语，构成介宾短语，在句子里充当定语或状语。但它们也有区别。

表示关涉或范围，用“关于”不用“对于”。例：我读了一本关于哲学问题的书。指出对象，用“对于”不用“关于”。例：对于大家的指责，他始终不予回应。

当然，兼有两种情况的，既可以用“关于”，也可以用“对于”。例：关于（对于）外出计划，全班都很支持。

以上是一般的区分方法，还可以从以下两点来区分：

1.“关于”构成的短语只用在句首。而“对于”构成的短语既可以用在句首，也可以用在句中，如：“我对于这个人的学识是很敬佩的。”不能说成：“我关于这个人的学识是很敬佩的。”只能说：关于这个人的学识，我是很敬佩的。

2. “关于”有提示性质，用“关于”组成的介词结构，可以单独作文章的题目，例如：“关于人生观”“关于散文”。“对于”则不行，比如“对于散文”，这个题目明显是未表述完整。

这两条区分方法，更好理解，更好操作一些。

第四节

“惠山烹小龙团”的例子为何看不懂

许多人觉得朱光潜先生在《咬文嚼字》里举的《惠山烹小龙团》的例子很难懂，我觉得可能有两个原因。

第一，因为朱先生是大家，可能没有想到普通读者对宋代最有名的茶叶“小龙团”是不熟悉的，尤其不知其为“饼茶”，而这一点，文中没有交代。据欧阳修《归田录》载：“其品精绝，谓小团，凡二十饼重一斤，其价值金二两。”欧阳修这里说的就是“小龙团”，圆形的饼茶，又叫“茶饼”。苏轼因为有烹茶的活动，所以就近比喻，说天上的月亮映照在第二泉里，就像眼前的小龙团茶饼泡在泉水里一样。缺少了饼茶是圆形这个常识，读者的联想可能会受到影响。

有了这个常识，我们才有可能体会这里面四个层面的联想：首先是天上的一轮圆月像圆的小龙团茶饼一样——这是单个的本体和喻体。第二个层面是，天上的明月倒映在清澈的泉水里，就好像最好的饼茶小龙团泡在开水里，给人一种视觉上的享受——这是两组本体和喻体。第三个层面，月光如水，流淌在泉水上，正像泡茶时蒸腾起的热气，袅袅轻烟——这是两组本体和喻体间融合成的情境。第四个层面，天上的明月照着清澈的第二泉，与喝惠山泉水泡的小龙团茶一样“清沁肺腑”——这是两组本体和喻体相汇诗人的感受。并且上句是“天上”，下句是“人间”，“天上”“人间”合而为一，月亮、饼茶互喻，月光、茶香互为通感，赏月和品泉融为一体，真是绝妙的诗句。

第二，朱先生把这首诗简称为《惠山烹小龙团》是值得商榷的，可能影响了很多人对文章所表达意思的理解。“独携天上小团月，来试人间第二泉”这两句诗如今被当作品茶名句，让茶人墨客称道不已，常看到茶叶店把这两句诗当楹联来招揽客人，甚至有人还把这首诗誉为“天下第一品茶诗”。但通过上面的品读我们发现，这句诗主要不是品茶，侧重点是品泉、品月。如果你明白“明月照着泉水和清茶泡在水里那一点共同的清沁肺腑的意味”，就会发现，作者只是以茶作喻，目的是写景抒情。诗题的全名是《惠山谒钱道人烹小龙团登绝顶望太湖》，按古诗简称的习惯应该简称为《惠山登绝顶望太湖》或《惠山望太湖》。大家看，“登绝顶望太湖”，主要是写望太湖的所见所感，通过赏景以传作者的弦外之音，并且结尾还用了阮籍和孙登的典故——“孙登无语空归去，半岭松声万壑传”，说自己要学习这种不和世俗黑暗势力直接对抗的精神，且享受这美好的“二泉映月”。由此看来，简称为《惠山烹小龙团》似乎不太妥当。

我斗胆对朱先生的《咬文嚼字》来“咬文嚼字”了，不过，在阅读中养成留心玩索的好习惯，正是朱先生在《咬文嚼字》一文里所倡导的。

第五节

“泣孤舟之嫠妇”为何与前句不匹配

苏轼《赤壁赋》中表现客人洞箫声感染力的部分，可分为两层，前一层是正面描写，后一层是侧面烘托。前者用比喻，“如怨如慕，如泣如诉；余音袅袅，不绝如缕”；后者用想象，“舞幽壑之潜蛟，泣孤舟之嫠妇”。

这种写法常为人称道。

不过很多学生认为，“泣孤舟之嫠妇”一句与“舞幽壑之潜蛟”一句，虽结构一致，句式整齐，但句意上并不匹配。“舞”和“泣”皆为使动用法，这两句翻译过来是“使深谷里潜伏的蛟龙舞动，使孤舟上寡居的妇人哭泣”。“潜蛟”者，本是潜伏，不轻易动，何况“幽壑”之中的，更不易动，现在不仅动了，而且是“舞动”，是这箫声使“幽壑之潜蛟”舞动，可见箫声的感染力之大。但后一句中，箫声使“孤舟之嫠妇”哭泣却实在不高明，“嫠妇”本来内心就很悲伤，何况又在“孤舟”之上，没有凄凉的箫声她都想哭，既然箫声有如此大的感染力，使她“泣”又算什么呢？从逻辑上说似乎“泣龙舟之新妇”更妥当，因为“新妇”不轻易哭，何况是“龙舟”上的，更不轻易哭，现在却“泣”了，才能更衬托出箫声的感染力。这样，“幽壑”与“龙舟”，“潜蛟”与“新妇”才相配，才更合乎逻辑。而身为大学士的苏轼，为何会连基本的逻辑都不顾了呢？

也许，有的学生会说这样写可能是出于意境相合的考虑，当然不能写“泣龙舟之新妇”，否则与“如怨如慕，如泣如诉；余音袅袅，不绝如缕”的境界“犯冲”，与“舞幽壑之潜蛟”情感不合。这可以为苏轼这一写法作一个解释。

不过，为什么苏轼偏偏选择了这样一个意象，还是值得我们思考的。

我们先来看一下客的箫声缘何而起。赋中交代得很清楚，是“倚歌而和之”。“和”的是什么歌呢？是“饮酒乐甚”之歌：“桂棹兮兰桨，击空明兮溯流光。渺渺兮予怀，望美人兮天一方。”这就难免让人生疑：“和”是很快乐的歌，箫声为何“呜呜然，如怨如慕，如泣如诉”呢？所“怨”者何？所“慕”者何？一般认为这篇赋由客之箫声而转乐为悲，是不是应该从“歌”开始？这个歌词的情感不能忽视，看似乐实则悲。所“乐”者，清风之夜，明月当空，泛舟江上，饮酒诵歌，谪居之所的夜游让人暂时忘却烦恼；所悲者，吾心渺渺，美人天隔，年华易逝，功业无成，月夜的赤壁让人徒生悲伤。才华横溢的大学士，有着济世的期许，他怎会甘心于“清风明月”呢？“美人”寄托着他的政治理想，“歌声”流露出他怀才不遇的苦闷心情。这种情怀自然而然地被“客”觉察到了，因为所谓的“客”，不过是苏轼内心的另一个自己，所以应和的箫声才如此准确地把握了歌的“悲”的基调。

如果我们理解了作者这样的情怀，再来看用来衬托箫声的两个意象，就比较好理解了，这两个意象实在不过是苏轼个人形象的写照：那深藏幽壑的潜蛟，不正是有才华而不见用于世的作者吗？那独守孤舟的嫠妇不正是有济世情怀却处贬谪之境的作者吗？这看似不匹配的两句话，实际上都是作者复杂凄凉的内心世界的外在写照。而这才是苏轼想要借箫声表达的重点。这样理解才更容易发现箫声与全赋所表达的情感的内在一致性。

第六节

“小乔初嫁”仅仅是“美人衬英雄”吗

有学生问我，苏轼的词《念奴娇·赤壁怀古》中为何写“小乔初嫁”，是不是“美人衬英雄”。为此，我查了一些教学参考书的说法。沈祖棻先生认为“小乔两句，写其婚姻。由于美人的衬托，显得英雄格外出色，少年英俊，奋发有为”(《宋词赏析》，上海古籍出版社，1980年版)，袁行霈先生认为“词人有意用小乔这位美人去衬托周瑜这位英雄，使下面那句‘雄姿英发’成为有血有肉的丰富饱满的艺术形象”(《历代名篇赏析集成》，中国文联出版公司，1988版)。两位专家都认为这样写是“美人衬英雄”，我觉得这种解读固然符合我们对中国古代文学创作习惯的一般认识，但未能从这首词的情感和主旨出发，说法略显单薄。苏轼的词中表现周瑜的英雄形象有很多写法，为什么偏偏用“小乔初嫁”来衬托呢？词人的意思恐不止于此。

这首词的主旨是什么？是借怀古来抒发自己的情怀。词人想到古代“风流人物”的功业，引发了自己无限的向往之情，同时也引发了自己年近半百、功业无成的感慨。“小乔初嫁”这样一个大胆的写法，除衬托周瑜的英雄形象外，恐怕还要传达另外两个意思：一个是周瑜和统治者之间的关系非同一般。小乔是谁？大乔的妹妹。大乔是谁？孙策的夫人。暗示周瑜深得东吴当权者的信任，而这正是苏轼所缺少的，所羡慕的，所失落的。

另一个是周瑜的年龄优势。苏轼当然不可能不知道周瑜指挥赤壁一战时已结婚十载，用一“初”字，只是为了表达其年轻。元丰五年，苏轼已47岁，年近半百，周瑜的年轻，更是苏轼缺少和感叹的，于是词里就有了英雄形象和词人形象之间的鲜明对比：一个是青春年少、雄姿英发且被当权者信任，建立了功业的英雄；一个是“早生华发”却被贬黄州，人生失意，建功无望的自己。于是只能自我解嘲，抒发“人生如梦，一尊还酹江月”的感慨。

另外，词的下阕中“羽扇纶巾”一句也耐人寻味。因为周瑜是吴国水军大都督，怎么是儒者的打扮？致使有人怀疑这一句是写诸葛亮的，以前我也看过类似的解读。其实，苏轼特意将这位武将描写成儒者的装束，是为了暗示自己的形象，有明显的自比之意。同样，“谈笑间，樯橹灰飞烟灭”前半句写周瑜指挥若定，从容不迫，后半句写敌人不堪一击，字面写周瑜的才能，实则是苏轼自负的感慨——我也有这样的才能，只是缺少统治者的信任、重用，自己缺少年龄上的优势而已。这样整个下阕的意思才完整、丰满，也更合乎词人的心态，更合乎词的主旨。如果仅仅理解为“美人衬英雄”，恐失之笼统。

建议大家养成“裸读”的习惯，一首诗或一篇文，不要看任何资料，先认真地读几遍，独立地思考一下，然后再查资料或听别人讲解，这样可能更有利于鉴赏能力的提高。

第五编

揭秘高考

第一节

高考卷有多难出

高考过后，评价高考题，是一场不亚于春晚的文化盛宴。

参与面很广，大家都要来说一说。

记得有一年高考我到一个学校送考，司机知道我是语文教师，就说：“今年的高考作文我感觉出得不好。”我一时语塞，不知怎样接话才好。

我在刚当语文教师时，有个毛病，就是看到一套试卷，就要点评几句，有时还说些过激的话。有了几年教学经验后我才明白，如果不了解点常识，对高考卷，还是慎言为好。

下面我就以语文卷为例，说说，高考命题有多难。

首先，高考命题的选材难。说到选材，很多人想的是“文本好还是不好”“题目难还是容易”等问题，但命题者首先想的是“有没有考过”“网上能不能搜得到”。

以一篇以诗歌鉴赏为题材的高考选题来说，题目一出，经常有人吐槽，高考选的什么诗歌。命题人也常感到委屈，你以为咱不想出点质量高的诗？问题是好诗要么被选到教材里了，要么广为流传、众所周知，要么被无数大考、小考、周考、模拟考出完啦，能找到一首没出过的诗歌实属不易。全唐诗几乎都不能出了，即使是“无名氏”的诗，网上一搜，也能找到题。

记得一个参与过高考命题的语文老师

和我说，搜了几天，找了几十首觉得可以命题的诗，可到网上一搜，只有一篇没被出过。结果这一篇不符合“主旋律”，一票否决。

大家看，只是选材，上面至少谈到了两条标准：没有考过和传递正能量。

紧接着，命题人要考虑，这首诗有没有争议：作者有没有争议？主题有没有争议？里面的字有没有争议？

好不容易选好了诗，又要考虑：这首诗要不要很多注释？没有注释考生能不能看得懂？注释太多了会不会把答案也暗示了？这首诗的注释有没有争议？学生看了注释会不会产生误解？

其次，高考命题的加工难。命题人会想着根据这首诗的内容能不能再衍生出两道题？每题答案能不能分成几点？两道题的难度会不会太大？两道题的难度是不是有所不同？

在确定了出题的数量之后，需要考虑：从哪两个角度出？是继续考上一年的手法和情感，还是考语言赏析？或是考诗歌形象，还是考意象作用？考某个点，会不会被猜中？某个点是不是这首诗的“核心价值”？某个点符不符合“考试大纲”和“考试说明”的规定？某个点符不符合《中学语文课程标准》要求？

最后，高考命题的设计难。题目该怎么问？要不要给定范围？要不要给点提示？如果给了提示后题目会不会太简单？要不要在提示里给点限制？是让概括，还是让分析，还是写赏析？要不要写上“结合全诗”？要不要和别的诗或诗人对比？如果作对比会不会对题目有提示作用，会不会增加题目本身难度？语言表述是不是简洁？是不是明确？会不会有歧义？是不是应该与往年表述有所区别？

除此之外，还要考虑：答案要不要限制字数？题目会不会太长？答案是否便于批改等？

如果这首诗歌鉴赏题是选择题，还要考虑：选项字数会不会太短或太长？各选项是不是字数严格一致？字数不一致学生会不会三短选其长或三长选其短？五个选项针对全诗，还是针对某一联？各选项如何避开对主观题的提示？

除了这些，还要考虑：是不是符合高考的精神？能否承担起高考选拔功能？是否有利于检测学生的语文素养？是否有利于引导高中语文教学，利于学科建设？

如果以上各点命题人都考虑到了，诗歌属于哪个朝代的？哪个作者的？近几年是不是总考这个朝代？这个命题人也要考虑进去。

这道题放在这张卷子中与其他题是否协调？能不能呈现出一条一脉贯之的东西？

题目会不会对文言文题中的文化常识有提示或暗示作用？这个问题的设置，是从创作角度考虑的，还是从阅读角度考虑的？学生的“前理解”（因生活经验或体验而形成的心理机制）会不会影响其答题？

材料内容或题目表述会不会带来考生的“区域公平问题”？

这里只说诗歌鉴赏一道题，有的题还有更复杂内容。“了解了一切，就原谅了一切”，大家以后评价高考题，也许会更理性一些。

第二节

论述类文本的阅读和解题技巧

一般论述类文本分为社会科学类和自然科学类，因为社会科学类考的频率比较高，所以我们常将一般论述类文本统称为“社科类文本”。

社科类文本阅读是高考语文卷的第一大题，语文又是高考第一场，所以常有学生说，这一题容易让人闹心，影响整个高考。有一年安徽省高考，第一题选的是爱因斯坦的作品，爱因斯坦用了大量概念，整个文本又是纯逻辑的演绎，不少学生被这一题折磨惨了。正常情况下，这一题所要花费的时间一定不能超过15分钟，但那一年就有考生花费了半个多小时，语文卷考试的整个时间安排都受到了影响。

本文从文本定位、阅读定位、方法定位三个方面谈一下这一题的阅读和答题技巧，希望给大家复习提供一些帮助。

一、文本定位

一提社科类文本题，学生最大的委屈往往是“读不懂”。什么叫“懂”，就不得不先谈谈阅读能力的两种类型。阅读能力分为两种：一种是获得资讯的能力，另一种是提高理解力。前者的作者水平不一定比你高，主要是交流他知道你不知道的信息，比如浏览报纸。后者的作者水平比你高，你通过读他的文字，可以提高自己的理解能力。而高考题中的一般论述类文本的阅读就是后面一种阅读能力。研究表明，人的前一种阅读能力，一般小学六年级就已具备（可惜很多人的阅读能力一辈子只停留在小学六年级阶段，其后再无长进）；而后一种能力，如不用心训练，就很难获得。如果仍停留在前一种阅读能力上，读得足够多，也能获得理解力，不过效率较低，达到的水准可能也不会太高。从这一点来说，学生训练社科类文本阅读是非常必要的。高中生的阅读能力，一般一分钟能读 500 字，高考所选的文本一般为 1000 字左右，也就是从理论上说只需要两三分钟，然后花五六分钟做题，总计在 10 分钟之内。

这两种阅读能力所用的阅读方法是不一样的，打个比方，前者如果是削黄瓜皮，后者则是削甘蔗皮。削黄瓜皮不用费力气，而削甘蔗皮，如果用削黄瓜皮的方法，有时削了好几刀，还削不开第一道皮，这是因为刀下得太浅，没有正确的阅读方法。社科类文本的作者都是某一方面的专家，从知识水平和对文本论述对象的认识上来说，我们首先要明确的是，我们是不可能和作者平等对话的。那么体现我们阅读能力的标准是什么？是我们能不能用最快的速度把握这个文本的论述对象和作者的主要观点，进而知道作者是按照什么顺序，用什么办法论述这个观点的。只要我们在两三分钟内，弄明白了这两个问题，就算我们“读懂了”。

二、阅读定位

复习中形成科学的阅读方法才是关键。目前市面上很多资料大多列举题干设错的类型，但记住这些并不能形成做题方法。针对此类文本，以下三种阅读方法可供大家参考。

1. 替换法。替换法主要解决读懂、读得下去的问题。科学论文写作时是从特殊性到一般性，用术语来概括纷杂的自然现象和社会文化现象，读起来很吃力。如果能在阅读时换一种办法进行“还原”，也就是从一般性到特殊性，把抽象的理论化变成具体可感的一个对象，文本看起来就没那么“玄深”了。如把“通俗历史热”替换成“百家讲坛”，把“科技黑箱”替换成“手机”，把“传统文化的娱乐化传播”替换成“诗词大会”，文本就好理解了。这样的替换从知识角度看是不科学的，但从阅读角度来看不失为一种不错的办法，因为大家更容易接受具体的东西。

2. 圈画法。圈画法有两个优点：一个是可以更集中注意力，更容易读得下去；另一个是可以提高效率，迅速抓住重点。对于大多数学生来说，在复习中养成这样的习惯，对于做好一般论述类文本阅读有一定作用。建议勾画的词句：每段的中心句（关注段落结构）、重要概念及其解释（关注论述对象和核心观点）、代词（关注指代内容）、关联词（关注句间关系）、作者观点句（关注论证方法）。

举个例子：

钱穆先生说：“老子伪迹不彰，真相不白，则先秦诸子学术思想之系统条贯始终不明，其源流派别终无可言。”（2013年全国卷考题，材料摘编自李学勤《<老子>的年代》）

我们在读这个文本时，这里有一个代词“其”，“其”指代的对象是谁呢？是前面一句的“先秦诸子”。我们圈画出了这个代词，关注了指代对象，我们就很容易判断下面这个选项是错误的：“钱穆说过：如果老子其人其书的时代不明，那么先秦诸子学术思想的联系和发展就无法弄清，《老子》和道家的源流、派别也无从谈起。”在这个选项里，原文中的“其”的指代内容被替换成了“《老子》和道家”，显然就不对了。

3. 跳读法。跳读法主要解决速读和理清结构的问题。全文按什么顺序写的，每一段主要写什么，是什么结构，是总分式还是层递式。

比如全国Ⅱ卷的选文《古代食品安全监管述略》，选文共四段，每段开头是这样的：

周代，尽管关于食品安全事件的记载不多……

汉唐时期……

宋代，饮食市场空前繁荣……

上述朝代对食品流通的安全管理……

我们先总体上跳读一下，这样，就对全文的顺序有了整体了解。这实际上为做题也节省了时间，比如某选项谈唐代的食品安全监管，我们就知道应该从第二段后面部分查找相关内容。

跳读法更重要的是用在理清段落结构方面。当然，这有个前提，就是阅读时我们时刻记着关注选本的论述对象，一般来说论述对象就是题目，或者从节选自哪里看出来。记住了论述对象，就抓住了关键，就可以作出取舍，读时才知道怎么“跳”。还是以上面这个选本中的一段为例：

因为这个选本的论述对象是“古代食品安全监管”，那么各个朝代的繁荣、商品的丰富就不是论述的要点。有了这个认识，我们读下面一段，就很容易看出核心在后面，前面都是套话或相关话题，有经验的考生甚至很容易看出“要点”应该在“为了加强对食品掺假、以次充好现象的监督和管理”后面。

宋代，饮食市场空前繁荣。孟元老在《东京梦华录》中，追述了北宋都城开封府的城市风貌，并且以大量笔墨写到饮食业的昌盛，书中共提到一百多家店铺以及相关行会，商品市场的繁荣，不可避免地带来一些问题，一些商贩“以物市于人，敝恶之物，饰为新奇；假伪之物，饰为真实。如绢帛之用胶糊，米麦之增温润，肉食之灌以水，药材之易以他物”（《袁氏世范》）。

有的不法分子甚至采用鸡塞沙、鹅羊吹气、卖盐杂以灰之类伎俩谋取利润。为了加强对食品掺假、以次充好现象的监督和管理……

而且，你有了跳读的意识，看了上面这段中的“宋代，饮食市场空前繁荣”这一句，就知道后面孟元老书里的记述，是为了举例说明这个观点；看到“商品市场的繁荣，不可避免地带来一些问题”这一句，就知道后面也不过是举例来说明这一点。

社科论述类文本考试指向“整体读懂”，而不是“局部句子比对”。2017 年高考大纲增加了“分析论点、论据和论证方法”这一考点，读懂整个文本就变得更加重要。“跳读”不只是阅读速度问题，更是读出关键、迅速抓住核心观点的问题。

以上三种阅读方法，大家多尝试，会逐渐培养出科学的阅读技能，在做此类题时思路也会更加清晰。

三、方法定位

目前此类题的考点是六个：

1. 理解文中重要概念的含义；

2. 理解文中重要句子的含意；

3. 筛选并整合文中的信息；

4. 分析文章结构，归纳内容要点，概括中心意思；

5. 分析论点、论据和论证方法；

6. 分析概括作者在文中的观点态度。

总体来说，是在考核选项的表述是不是符合原文逻辑，也就是说选项信息与原文信息是不是“等值”替换。

原文和选项语言的替换有这样几种常见的类型。

从字数上来说，分为“繁变简”和“简变繁”两种方式。如“益起争端”变为“更加引起纷争”，这是“简变繁”；而“使用者不必从头学起即可操作科技黑箱”变为“使用简单方便”，这是“繁变简”。

从概念范围上来说，分为“大变小”和“小变大”两种。如“债务人违约时”变为“债务人不偿还债务时”，这是大概念变为小概念。

从句间关系上来说，分为“因果位置互换”等。如果原文是“因为 A，所以 B”，而选项中是“之所以 B，因为 A”。

这些都属于原文信息的“等值”替换，就是正确的。

反之，就是错误的。如下面这种情况：

原文：

接受者作为主体，他对文本的接受不是被动的。海德格尔提出“前理解”，即理解前的心理文化结构，这种结构影响着理解。理解不可能是文本意义的重现，而只能是文本与“前理解”的统一。

选项：

“前理解”是接受者在理解文本以前的心理文化结构，由于接受者对文本的接受不是被动的，所以这种结构会影响接受者对文本的理解。

原文说，因为“前理解”影响着理解，所以读者对文本的阅读不可能是被动的；选项改成了因为接受者对文本的接受不是被动的，所以会影响接受者对文本的理解。这就犯了因果倒置的毛病了，转换当然就不等值了，选项就是错误的。

论述类文本怎么读（上）

第三节

阅读的思维规范问题

不管是阅读，还是答题，都需要思维规范。

同样的一篇文章摆在我们面前，有的同学能看到它的骨架，有的却看不出来。同样表达一个意思，有的同学能够准确表达，有的却答非所问。

为了把这个问题说得通俗一点，我用一个例子来作简要说明，我们读一篇关于描写一个人物的文章，可以用下面这个表格来表示描写的主要内容。

写作角度	概括	举例（现象）	表现 手法
外貌	英俊	眼睛大、鼻梁高	和鹿晗一样帅
品质	高尚	曾见义勇为	人称“当代雷锋”
性格	豪爽	擅长陌生场合热场	羞涩的人见他也变开朗
做事	认真	作文修改五遍	一个标点也反复推敲

这里的第一列，外貌、品质、性格、做事，就是描写这个人的写作角度。即从哪几个方面来写这个人的。我们在阅读的时候，找出这些角度，甚至比找出特征还要难，还要重要，因为它是我们概括特征的起点。

第二列里的英俊、高尚、豪爽、认真是这个人的特征。准确地说应该和角度放在一起构成主谓句。如外貌英俊，品质高尚，性格豪爽，做事认真。

第三列是为了介绍这些特征所举出的一些具体的例子。让读者对这些特征有直观的认识。

第四列是使用相关手法或者策略，突出特征或者增强这个特征的表现效果，使人印象更深刻。如“和鹿晗一样帅”，这是作比较。因为鹿晗的帅，年轻人都知道，这样就会使人物的形象更具体，人称“当代雷锋”也是如此；说他性格豪爽，“羞涩的人见到他也变得开朗”，这是从侧面来加以衬托；说他修改作文一个标点也反复推敲，这是描写人物工作时的细节。

如果我们阅读这篇文章，分清了这四个层次，答题时，脉络就会很清晰。如果题目要求概括人物形象，答案就应该是前面两列；如果题目还要求稍作分析，就要加上后面两列的内容；如果只问“从哪些角度来写某个人”，答案就是第一列的“外貌、品质、性格、做事”四个方面。

答题时不能准确作答，主要是因为阅读时没有清晰理解和分清层次。如果思维规范，我们在考试中就不会丢分。来举一个关于阅读的例子，这是钱钟书的谈中国诗里边的一段话，为了方便说清楚这个道理，我把它稍微压缩了一下：

中国诗的特征：富于暗示。我愿意换个说法，说这是一种怀孕的静默。说出来的话比不上不说出来的话，只影射着说不出来的话。济慈名句所谓：“听得见的音乐真美，但那听不见的更美。”我们的诗人也说，“此时无声胜有声”；又说，“解识无声弦指妙”。

怎么理清这一段呢？我们会发现这里的“富于暗示”是概括，写中国诗的特征，这一句是这一段的中心句。而“怀孕的静默”，是比喻，意思是，诗文字很简练，但是文字背后还有很深的意蕴，就好像我们看到怀孕的人，表面上是一个人，但是实际上肚子里还有个人，还有更深层次的内容。而下面这句“说出来的话比不上不说出来的话，只影射着说不出来的话”，这是一个具体的现象。而在下面济慈的名句，还有我们的诗人的评价，是通过引用的手法来阐释暗示性的道理。这样的表达更形象，让人理解更深刻。

最后再举一个阅读答题的实例，说明这种思维分层在答题中的运用。阅读文本《顽童的成长》，文本就不在这里列出来了，大家根据上面的分析，是能够看得懂的。请注意，表格里不是答案，是答题时应有的思维分层。

1. 费因曼是一位怎样的科学家？请结

合文本简要分析。

角度	概括	分析（或举例）
个性	率真	不喜欢繁文缛节
工作	敢于挑战	致力于解决老大难问题，敢于和大人物毫无顾虑地争论
品质	爱国	毅然放弃好的工作机会，加入国家需要的团队中

2. 费因曼的成长得益于哪些有利的外部因素？请简要说明。

角度	概括	分析（或举例）
学校	普林斯顿	实验室给他很多动手的机会
导师	惠勒	得力的指导，并给了他展示的机会
团队	曼哈顿	在这个团队里他得以和许多科学界的大人物交流

总结一下，如果我们阅读的时候能够分清不同的层次，看到文章的骨架，我们答题时就能做到规范、严谨。

阅读的思维规范问题

第四节

现代文怎样复习有效

现代文因为分值高、区分度大，更受考生重视，但现代文文本解读的个性化和试题答案的确定性之间的矛盾似乎不可调和，很多学生复习时都有费时长、收效微的感觉。对此，教师很头疼，学生很迷茫，在这种头疼和迷茫中，对于现代文阅读复习，教师和学生在考试前只达成了譬如“多写、写工整、多分点”等层次的一致认识，其余则交给了听天由命的悲壮。那么，现代文阅读该怎么复习呢？

一、分析“试题和答案是什么”，寻找复习的出路。

近年来，语文试卷常常被人批评，题目设计云里雾里，答案设计更是让人糊里糊涂。这种情况的确存在，但对常考的题目和答案作分析，明确其考核目标，还是能够寻找到现代文复习的出路的。

1. 试题和答案的不稳定性

语言赏析题是高考现代文中常考的一道题，考核学生赏析散文或小说语言的能力，分值一般为3-6分。下面选取7道高考典型题目作为参照。其题目、答案如下：

试卷	选文	题目及分值	参考答案
2018年天津卷	《虹关何处落徽墨》	请赏析文中画线句子。（5分）磨墨时，细润无声，我却听到了墨与砚台的喁喁细语。触摸着徽墨的韵律，我看到了，看到了徽磨沿着纸的纹理在翩翩起舞，“入纸不晕、书写流利，浓黑光洁”。真想只做一个书者。舀一瓢清清的湖水，每日轻柔磨墨，从容铺纸，蘸墨挥洒，过上一段墨落纸上荡云烟的幽静生活。	主要运用了拟人（或想象）手法，形象地写出了使用徽墨书写时鲜活灵动的状态，表达了作者的欣喜之情和对幽静生活的向往。
2013年天津卷	《胡杨人家》（刘之蔚）	赏析文中画横线的句子。（4分）荒漠深处的额济纳，秋天显得十分的短促，犹如礼花般缩放的黄色叶片或繁如花海或星星点点，映衬着千年胡杨那道劲的枝干，美得让人窒息。	抓住典型景物，写出额济纳秋色之美；营造氛围，烘托胡杨人家；运用比喻、夸张等手法使景物鲜明生动。
2012年四川卷	《柴禾》（刘亮锃）	第⑥自然段的画线句子运用了反复的修辞手法。请结合文章内容赏析其表达效果。（5分）从第一滴雨落到它们身上、第一层青皮在风中开裂我们就看见了。它们根部的茬头朽掉，像土一样脱落在地时我们看见了。深处的木质开始发黑时我们看见了，全都看见了。	运用反复的修辞手法逐层再现柴禾被冷落忽视、逐渐朽去过程中的三个细节，层层渲染，画面生动，富有感染力；四个“看见了”突出柴禾朽去过程中我们始终在场又始终旁观的态度，传达出深深的自责和无奈的情绪。
2011年安徽卷	《巴尔塔萨的一个奇特的下午》	对小说中画线处的人物语言进行赏析。（3分）这鸟笼根本不用养鸟，只要在树上一挂，它自己就会叫起来。	运用了夸张、比拟的手法；写出了鸟笼的精美，表达了老大夫对鸟笼的赞赏之意。

试卷	选文	题目及分值	参考答案
2010 年湖北卷	《烟花三月下扬州》（熊召政）	作者在描述扬州景物时切入的角度及语言的运用都很独特，请结合第④段和第⑤段加以赏析。（6 分）	1. 作者从“小秦淮”与“瘦西湖”的命名方式切入，揭示了扬州景物“尺水玲珑”“小家碧玉”的诗化意味。2. 多用古诗和四字词语，整句和散句交错使用，言辞清丽，格调典雅。
2009 年安徽卷	《董师傅游湖》（宗璞）	从修辞手法的角度，对文中画线句子的景物描写进行赏析。（3 分） 远岸丁香、连翘在灯光下更加似雪如金，近岸海棠正在盛期，粉嘟嘟的花朵挤满枝头，好不热闹。	运用比喻，描绘了丁香、连翘在灯光下晶莹璀璨的艳丽之美。 运用比拟（或“拟人”），形容海棠盛开时争奇斗艳的勃勃生机。
2008 年安徽卷	《我与地坛（节选）》（史铁生）	从语言表达的角度赏析下面的句子。（4 分） 他熄灭着走下山去收尽苍凉残照之际，正是他在另一面燃烧着爬上山巅布散烈烈朝晖之时。	①运用拟人的修辞方法，通过“走下”“爬上”等词语将太阳人格化，生动形象。②运用对比的表现手法，使日出与日落情景形成鲜明对照，给人以深刻的印象。③运用前后对称的语言形式写景，给人以整齐的美感。

从上面的比较可以看出，这 7 道题都是考核大家对文学语言的赏析能力，题目设置中都有“赏析”二字，但题目考查的范围、要求和提示不尽相同。从范围上看：2010 年是段落， 其余是句子，大多数为一句话，2012 年和 2018 年是几句话。从要求上来看：2011 年、2013 年和 2018 年的没有要求；大多数要求从修辞手法角度赏析；2008 年从“语言表达的角度”，2010 年要求从“写景时切入的角度及语言的运用”。从提示上看：2009 年提出“景物描写”，2010 年直接用到了赏析性词语“独特”，2011 年提出“人物语言”，2012 年直接告诉了反复的手法，让“结合文章内容赏析其表达效果”；2013 年没有提示。总体来说，题目表述方式有一定差异，呈现出一定的不稳定性。

答案也呈现出不稳定性。有的比较概括，如 2013 年的这个答案，只说运用了某种手法，收到“营造氛围”“烘托”“鲜明生动”等效果；而 2009 年还具体描绘了所用修辞手法的对象的具体效果——“灯光下晶莹璀璨的艳丽之美”“盛开时争奇斗艳的勃勃生机”；而2008年不仅说出了手法，还有“生动形象”“给人深刻印象”“给人以整齐的美感”等效果，还具体介绍怎样运用的（通过“走下”“爬上”等词语）；2011年、2012年、2018年，在表达效果中还谈到了作者（或读者）的情感（或感受），比较具体。

2. 得分点的稳定性

通过比较我们可以看出，虽然七道题目和答案呈现出一定的变化，但得分点相对稳定。赏析语言一类的题的答案，从大的方面说无非两个层面，一是采用了哪种手法，一是收到了何种效果。一般来说，分值高的有两种情况：一个是角度较多，如2008年有三个答题角度，2010年题目设置时就要求了两个角度；一个是答案较为详细，如2012年对反复修辞表达效果的赏析，答案还写到了作者感情。

那么答案较为详细的，得分点具体是哪些方面呢？第一个层面即采用了何种手法，包括两个小方面：一是明确指出采用了何种手法，二是具体说明在何处或如何使用这种手法的（2008年、2012年和2018年答案里有这个步骤）。第二个层面即收到了何种效果，也包括两个小方面：一是该手法在内容上或艺术上的具体效果，二是该手法的运用表达了作者什么样的情感或带给读者什么样的感受。教师在指导学生复习时，尽量让其考虑周全，表述周全，该写什么不该写什么，心里也就清清楚楚了。

可见，只要认真地写细致地分析，高考题目和答案也不是“雾里看花”，通过这样的分析，在复习时也就很容易找到出路了。

二、分析“答案为什么是这样”，找出依据，反思复习的有效性。

分析“答案为什么是这样”的途径有两条，一个是理论分析，一个是实践分析。理论分析最好的办法是参照《语文课程标准》“阅读与鉴赏”部分的要求以及《考试大纲》中关于文学作品阅读的考试要求来分析。实践分析最好的办法是结合学生的作答，与答案作比较分析。下面分别来说一下。

1. 从《课程标准》和《考试大纲》的要求分析“答案为什么是这样”

《普通高中语文课程标准》中关于鉴赏中外文学作品有这样的要求：“能感受形象，品味语言，领悟作品的丰富内涵，体会其艺术表现力，有自己的情感体验和思考。”而《考试大纲》在文学类文本阅读“鉴赏评价”等级中的要求更为明确，表述为“品味精彩的语言表达艺术”。所谓“表达艺术”侧重指语言的表现形式，即采用了某种手法；所谓“精彩”，是收到了某方面或某几方面突出的效果。那么，这样看来，这个要求本身就暗示了这个题目的答案的两个构成：采用了何种手法，收到了何种效果。

具体来说，从上面的7道题来看，这

类手法可以是运用了某种修辞手法，如上面7题答案中的“比喻”“拟人”“反复”“夸张”等；可以是写景的某种技巧，如上面答案中的“抓住典型景物”从“命名方式入手”等；也可以是这些语言的外部形式，如上面答案中的多用“四字词语” “整句和散句交错使用”“前后对称的语言形式”等。这类效果可以是巧妙地写出对象某方面的特点，如上面答案中的“灯光下晶莹璀璨的艳丽之美”“盛开时争奇斗艳的勃勃生机”“ 风的轻柔”“鸟笼的精美”等；可以是语言本身收到的效果，如上面答案中的“生动形象”“给人以整齐的美感”“言辞清丽，格调典雅”等；可以是表现作者或说话人某种情感，如上面答案中的“传达出深深的自责和无奈的情绪”“ 表达了老大夫对鸟笼的赞赏之意”等。

这些看似没有规律充满“变数”的答案，实际上都归入“手法”和“效果”两类，都是符合《课程标准》和《考试大纲》对文学类作品鉴赏的要求的，可谓是“万变不离其宗”。

2. 从学生答题和答案的比较中分析“答案为什么是这样”

下面是学生练习中的几种典型的不准确回答及其错误原因分析：

试卷	学生回答及得分	错误原因及分析
2012 年四川卷	运用反复的手法，强调了柴禾发生的变化以及变化之快，更生动形象，给读者深刻的印象，并且使语句有气势。（1 分）	没有考虑题干中的“结合文章内容”的要求，未谈作者采用这一手法来写的意图，即作者情感。
2011 年安徽卷	运用夸张的手法，表现老大夫对鸟笼的喜爱之情。（1 分）	手法概括不全，语言描写对象的特点未点出。
2009 年安徽卷	运用比喻和拟人的修辞，写出了丁香、连翘和海棠花的美丽。（2 分）	描写对象的特点表述得过于概括。
2008 年安徽卷	运用拟人的修辞手法，将太阳人格化，形象生动地写出了日落的凄凉和日出的绚烂。同时表现出作者对生和死的坦然。（2 分）	角度不全。后面一句不是从“语言表达的角度”。

应该说，大多数学生是能准确判断这类题的两个组成部分的。他们之所以写出上面这些不准确的答案，主要是审题不仔细和文本理解分析能力不理想，具体表现在：1. 没有看清题目的要求，如 2012 年四川卷中的“结合文章内容”，以及 2008 年安徽卷中“从语言表达的角度”。2. 手法概括不全，效果分析不全。3. 分析效果时不能联系语

境或文章主旨来分析。

拿自己的答案和参考答案作比较，可以看到这样几点：1. 题目中规定了答题的范围和角度的限制性的句语，同时也是导向性的语句，有时之所以“这样答”，是因为“这样问”。2. 精彩语句所用手法可能不止一种，而收到的效果也可能不止一种，命题人确定答案时往往考虑周全。3. 一个语句的精彩（主要是效果）很多时候是要置于一定的环境中分析，答案会考虑上下文或全文主旨的。

三、分析“怎样才能得到这样的答案”，建立“模板”，提高复习的有效性。

赏析语句，首先当然是理解句意，其次是分析该句所运用的手法，第三步分析该句运用此种手法后的表达效果。归纳起来思考回答这类试题需要走四步，学生建立这样的分析框架，可以开展有效的复习：

第一步：确定语句描述对象。即要明确要赏析的句子或段落写的对象。

第二步：描述对象的特点。作者通过采用各种手法，写出了对象哪方面（或哪些）特点。品味语言之美，离不开描绘对象特征，不明确对象特征，就会使鉴赏失之空泛。

第三步：确定采用的手法。这里需要作个分类，有哪些手法，分为哪几类，后面将在表格列举的基础上归纳总结这些手法。

第四步：分析表达效果。“效果”是个抽象概念的名词，对于语言的表达来说，有哪些效果，可以分成哪几个层面。

下面是对前面7道高考题中的句（段落）的分析：

试卷	对象	对象特点	所用手法	表达效果（关键词句）
2018年天津卷	徽墨书写	鲜活灵动	拟人（或想象）	C表达欣喜之情和对……的向往。
2013年天津卷	额济纳的秋色	美	抓住典型景物，比喻，夸张	A写出美B鲜明生动C营造、烘托
2012年四川卷	柴禾	被冷落忽视、逐渐朽去	反复	B生动，富有感染力 C突出……态度，传达……情绪
2011年安徽卷	鸟笼	精美	夸张、比拟	A写出精美 C表达赞赏之意
2010年湖北卷	扬州景物	美	命名切入古诗、四字词语、骈散	A揭示诗化意味 B言辞清丽，格调典雅
2009年安徽卷	丁香、连翘、海棠	艳丽之美 勃勃生机	比喻 比拟	A写出了艳丽之美、勃勃生机
2008年安徽卷	太阳	每时每刻都是夕阳也都是旭日	拟人 对比 对称的形式	B生动形象，给人以深刻的印象，给人以整齐的美感。

通过上表，我们可以从这几个方面总结一下：①确定语句的对象以及对象的特征是很重要的，除2008年安徽卷（该题明确要求“从语言表达角度赏析”）外，其余赏析都与对象特点有直接的关联，即语句赏析的落脚点在于写出对象特点方面的写作特色。如2011年安徽卷中，这个赏析的前提就是要明确老大夫的话的对象是“鸟笼”，对象特征是“精美”，然后思考他的话在说出这个特征方面采用了什么样的手法（夸张和比拟），然后思考他为什么这么说（表达赞赏之意）。②所用手法有三个方面，最常见的是修辞手法，其次是语言外部形式方面的特点（古诗、四字词语、骈散对称的形式），最后是在写对象特点时的方式（抓住典型景物，命名切入）。③表达效果也有三个方面：一是写出对象特征方面（上表中所有标为A的词句），一般答案表述为“写出XX（对象）的XX（对象特征）”；二是怎样写出的或者说“写的怎样”（表中标为B）；三是在表达作者情感或文章中心方面的（表中标为C）。这样的分析就为现代文的复习提供了一种“模板”，在做同类题时就可以有规则可循。

做现代文阅读题其实是有两个过程的：一是正确理解文本的意思，二是准确表达自己的意思。说白了，就是看得懂和写得出。看得懂需要一些内隐性的知识，就像一个几个月孩子就能认得爸爸妈妈一样；而写得出需要做一些审题分析，还有规范练习。以上的方式大家可以在复习中尝试一下。

第五节

小说人物形象类考题分析

小说人物形象类考题看似“变幻多端、不可捉摸”，但只要认真对高考这类题的设问方式及答案构成作一些必要的分析，就很容易掌握规律，提高复习效率。

我们选取10道高考题及答案，作为分析的例子。

1．作品《古渡头》中的渡夫有哪些性格特点？请简要分析。

答案：①热情坦诚，乐于助人，喜欢孝顺父母的子女；②刚强不屈，不畏身心劳苦，靠自己的力气赚钱；③坚忍不拔，不向命运低头，坚持自由自在的生活信念。

2．小说《鞋》中守明是一个什么样的人物形象？

答案：守明是一个有着朴实、善良、柔顺品性和传统美德的农村的青年女性形象。

3．小说《峡谷》中的“骑手”有哪些特点？请简要说明。

答案：①外形：相貌不凡，身体强壮，肌肉结实，有着质朴自然的力与美；②举止：一人一骑，独行于峡谷中，虽山路崎岖，但因骑术高超而从容沉稳；③性情：大口吃肉，大碗喝酒，不拘生活小节，粗犷而有野性。

4．小说《喂自己影子吃饭的人》中的主人公马里诺这一形象有哪些特点？请简要分析。

答案：①地位卑微：人前强颜欢笑，依靠表演取悦观众，却遭观众厌弃和警察驱逐；②演艺精湛：能说会道，善于捕捉观众心理，赋予无声的影子以独立的生命；③忍辱负重：为养家糊口而奔走卖艺，却只能独自忍受精神的孤独和痛苦。

5. 小说《活着》中老人与牛的形象有哪些相似之处？请结合文本作简要概括。

答案：①老迈年高；②饱尝活着的痛苦与艰辛；③表现出生命的韧性。

6. 作品《马裤先生》中马裤先生有哪些性格特点？请简要分析。

答案：①颐指气使，目中无人，缺乏公德；②斤斤计较，爱占小便宜；③不讲卫生，不顾他人感受，趣味低下。

7. 依据小说《巴尔塔萨的一个奇特的下午》中的相关内容，概括蒙铁尔的形象。

答案：当地的财主，粗暴，专制，冷酷，吝啬。

8. 小说《洗澡》中的主人公“他”是一个什么样的形象？请简要分析。

答案：①精明，节俭，有些小气甚至吝啬；②敏感，细腻，谨慎，多虑；③心地较为善良，通情达理。

9. 概括小说《董师傅游湖》中董师傅这一人物形象。

答案：董师傅是一位普通木工。他技艺精湛，质朴善良，乐于助人，有平常心，有生活情趣。

10. 结合作品《河的第三条岸》，简要分析“母亲”这一人物形象。

答案：“母亲”是一个勤劳善良、情感深挚、忍辱负重的普通女性形象。她爱唠叨，常责备孩子；掌管着全家人的生活，热爱家庭。她对“父亲”的行为深感不满，甚至觉得很羞辱，但又一直牵挂和思念着他，直到年迈，她才放弃对“父亲”的等候。

其实高考一轮复习中，关于小说人物形象类题目复习有效的关键是弄清三个问题：一是怎么问的，二是怎么答的，三是怎样得到正确的答案。下面就从这三个方面，对上面的10道高考题做一些分析。

一、怎么问的——分析设问方式

从上面10道高考题看，题目设问方式无非三种：概括人物形象（2、5、7、9）、分析人物形象（3、4、8、10）、分析人物性格特点（1、6）。从答题形式上看，上面的三种设问方式，又可以分为两种：概括和分析。概括，用词语或短语作答即可；分析，除概括外，还需结合文本内容找到所概括特征在文本里的相关依据或做一些必要的说明。

二、怎么答的——分析答案构成

我们将这10道高考题的答案，作细致分析后发现，这些“纷杂”的答案大体可分为两个层面：外在特征，即外貌、身份、举止、经历等；内在特征，即性情、品质等。

如第3题答案中的第一点“相貌不凡，身体强壮，肌肉结实，有着质朴自然的力与美”是写外貌的，第2题答案中的“农村的青年女性形象”、第4题中的“地位卑微”、第5题中的“老迈年高”、第7题中的“当地的财主”、第9题中的“一位普通木工”、第10题中的“普通女性形象”等都是写人物的身份地位等特征的。至于第3题答案中的第二点“骑术高超而从容沉稳”、第4题和第9题中的“演艺精湛”、第5题中的“饱尝活着的痛苦与艰辛”、第8题中的“精明，节俭，有些小气甚至吝啬”、第10题中的“勤劳”等，都是写人物的行为举止、经历等特征。这些是人物形象的外在特征，属于我们上面说的第一个层面。

而像第1题、第6题的第③点，第2题、第7题、第9题、第10题概括的几点，第3题、第4题及第5题的第③点，第8题的②③两点等，都是在谈人物的性格、性情、品质、思想等，属于第二层面。

像第三种类型的题，即分析人物性格特点的题（上面的第1、第6题），答案不涉及第一个层面，这是由设问方式决定的。

这样的分析，可以帮助考生规范自己的答案，尤其可以帮你把答案写得周全。因为这类题不大可能完全不得分，但很容易答得不周全。了解了答案的一般构成，就可以逐个对应，检查自己可能哪些方面没有考虑到。

三、怎么取舍——如何确定答案

有了这两步还不够，我们还要有取舍的能力。其实高中生从小说人物的描写中找出人物的各方面的特征并不是难事，但概括或分析人物，不可能把一个人物的外貌、身份、经历、举止、性格、品质、思想等写完、写尽，要取舍。取舍就要有标准，对于小说来说，这个标准就是情节和主题，也就是说人物那么多的特征是不是要写到答案里，关键看和情节、主题有没有关系。

比如，人物的身份要不要写到答案里？在第7题里，蒙铁尔的财主的身份既与小说的情节有关，又与巴尔塔萨的身份形成对比，更能突出巴尔塔萨小人物人性的善意的光芒，以及这种品质的难得，所以答案中要概括人物的身份。而第8题中的“他”虽然是个“在机关”上班的公务员，但“他”的形象主要呈现出上海特有的地域特征，有一定的代表性，与“他”的身份关系不大，所以答案没有写“他”的身份，只写了“他”的三点性格特征。

那么，人物的外在特征要不要写进答案里？在第3题里，骑手“有着质朴自然的力与美”的外貌，既暗示了人物的其他特征，又与“峡谷”的形象形成映衬，共同营造了独特的艺术氛围，使情节具有吸引读者的力量，所以要写。而第4题里的马里诺，小说里有多处对他外貌及神态的描写，但这些描写更多是为了突出他地位卑微、为了生计不得不强颜欢笑的无奈和辛酸，所以答案里只写他“地位卑微”“忍辱负重”等。

这种分析方法还可以推广到其他常考的小说人物形象类文本的复习，通过对高考题设问方式和答案构成的分析，找出设问的规律、答案的构成，从而总结出得到答案的方法。

小说人物形象类考题分析

第六节

小说情节概括类考题分析

小说情节概括类的题是高考的常考题，学生复习时不能不关注。下面通过对3道高考题的分析，总结出一些答题的技巧，或许能帮助大家提高该类题的答题能力。

【考题】

1. 请概括小说《面包》的主要情节。

答案：①妻子发现了丈夫的面包。②丈夫撒谎掩饰。③妻子替丈夫圆谎。④第二天晚上，妻子多分了面包给丈夫。

2. 请用简明的语言梳理《巴尔塔萨的一个奇特的下午》这篇小说的脉络。

答案示例一：做好鸟笼，拒卖鸟笼给老大夫，送鸟笼给彼贝，台球房醉酒。（事件发展脉络）

答案示例二：期待好价钱，信守与彼贝的约定，不忍孩子失望决定送鸟笼，送鸟笼后兴奋与失落交织。（主人公心里变化脉络）

3. 请围绕作品《枪口下的人格》中的主人公贝尔蒂梳理文章的基本情节。

答案：基本情节：（贝尔蒂）俘敌——护俘——被俘——脱险——赴死。

【分析】

从上面的高考题可以看出，3道题的设问方式略有不同。在答题要求上，第1题用的是“概括”，第2、3两题用的是“梳理”。

在答题指向上，第2题用的是“脉络”，第1、3题用的是“情节”，而且第1题用的是“主要情节”，第3题用的是“基本情节”。题干语言的表述虽不完全一样，但从考点上来说，都属于“分析作品结构”，而对于小说文本来说，“作品结构”主要体现为小说的情节。所以看到类似的表述，要能够明确知道这是小说情节类的考题。“有的”才能“放矢”，明确了类型，才能有针对性地作答。

再看这类题的答题形式。第1题答案中的每一点，前面都有一个明确的主语——妻子或丈夫，构成的是主谓短语。而2、3两题前面都没有主语，构成的都是动宾短语。为什么会出现这种情况呢？我们发现，第1题提问的这篇小说中，妻子和丈夫都是小说的主人公，而第2题提问的这篇小说中，主人公是巴尔塔萨，第3题提问的主人公是贝尔蒂。两个主人公，情节围绕两个人展开；一个主人公，小说情节围绕一个主人公展开。当小说情节有两个（或两个以上）的主人公时，答案用主谓式短语；当小说情节只有一个主人公时，答案用动宾式短语。

这类题的答案该怎么组织呢？我们都知道，小说情节一般分为四个部分，即开端、发展、高潮、结局，而且多按照时间顺序展开。所以第1题和第2题答案都是四点，就是按照情节的这四个部分来写。而第3题，对照小说情节我们发现，“俘敌”是小说的开端，而情节的发展有三个部分，即“护俘”“被俘”“脱险”，另外高潮和结局融合在了一起，就是小说的结尾部分的“赴死”。在答题时，先回忆这篇小说的情节，理清情节的各个部分，就不会“凭感觉”写了。

我们还可以从这三道题的答案中找到答题时的取舍问题。一轮复习时，学生刚接触此类的题，最容易出现的问题就是写得太多、太杂。比如，一位学生写第1题时答案是这样写的：“半夜妻子听到厨房有声音，她来到厨房发现丈夫在那里，她怀疑他偷吃面包，丈夫说他以为厨房出了什么事，妻子感觉丈夫变老了，他们回去睡觉，妻子听到丈夫在咀嚼面包，第二天妻子多分一片面包给丈夫。”这个答案概括得有些杂乱，主要是因为这位同学没有掌握取舍的原则，先分析这篇小说围绕什么情节展开，很显然是围绕“面包”展开的，如果抓住这个线索，与“面包”无关的就可以不说。什么叫“情节”？英国著名小说家和批评家福斯特在《小说面面观》中有一个经典的比方：“‘国王死了，不久王后也死了’，便是故事；而‘国王死了，不久王后因伤心过度也死了’，则是情节。”前后有关联且构成因果关系的才叫情节。第2题的情节是围绕“鸟笼”展开的，情节的几个部分都和鸟笼有关，而第3题在题干中则明确提出了“围绕主人公贝尔蒂”的答题要求。

通过上面的分析，对于高考小说情节概括类的题，我们可以作如下总结：

1．从设问方式找出答题要求是概括“情节”还是梳理“脉络”。

2．小说情节与两个主人公有关时，答案用主谓短语；只有一个主人公时，用动宾短语。

3．概括时，分清开端、发展、高潮、结局四个部分。发展部分可能不止一点，高潮和结局也可能融合在一起。

4．抓住情节的线索，也就是情节是围绕什么展开的，从而合理取舍。

小说情节类题解法

第七节

传记考什么，怎么考

传记是记述人的生平事迹的一种重要文体。传记类型多，从叙述人称看，传记可分为自传和他传。前者是自述生平，如鲁迅的《鲁迅自传》，沈从文的《从文自传》等；后者是他人撰写的，如《爱国科学家邓叔群》《我的父亲邓小平》等。从表达方式上看，有评传，即一面记述人物的经历，一面加以评论。如《伏尔泰：抗争与幽默并存》，《马尔克斯：世界上最不孤独的人》等，有画传，配以图片、影像的传记。

不管哪种类型的传记，一定是抓住人物的某一方面来写，突出传主一两个方面的品质或特征，或者围绕某一个方面来写。

懂得这一点很重要。来看一个例子。

人物传记《马尔克斯：世界上最不孤独的人》里的一个选段：

1982年，他（马尔克斯）辗转联系上心仪已久的嘉宝。嘉宝是电影史上的“默片女皇”，他青年时期的偶像，但那时她已然是个无人问津的孤独老妪。马尔克斯的造访使她喜出望外，他们促膝长谈。见马尔克斯不断用手揉他的眼睛，嘉宝便戴上老花镜、取来放大镜，为他“诊治”。原来是一根睫毛掉进眼睛里了。（《环球人物》2014年4月）

问：写这件事是为了表现传主什么样

的特点？

学生的答案一般是这样的：表现他性格的复杂性。再问什么复杂性，学生就说他“执著”，或“不忘初心”。

考虑到传记的这一特点，这一篇作者是要写马尔克斯的“最不孤独”，不过没这么简单，原文中有这样一段：

于是，马尔克斯成了这个世界上最不孤独的人之一，各种文化出版机构争相邀请。同时，他又矛盾地成了这个世界上最孤独的人之一，只有到了这时他才真正懂得：做个凡人是多么幸福！从此往后，他的一举一动都在人们的关注之下，他将不得安宁。

结合这一段，我们就能看明白，出名给马尔克斯带来了很大的困扰，他不得不过着喧嚣的生活，他希望过着和普通人一样的平静的生活，作者写“马尔克斯见嘉宝”这件事，是为了表明他和我们普通人一样，他也追星，他也喜欢偶像，这段实际上是为了表现他的凡人情怀。这一点都不“复杂”，是人之常情。

所以我们一定要关注传记的题目，关注传主的核心特征。

从内容上看，人物传记类文本阅读的题目类型主要分为三类：传主类、传事类和传记类。

为了让大家看得更清楚一些，列一个表格。

类别	考题角度	题目类型或常见要点
传主类	传主形象	概括、分析
	传主经历	年代、线索
	成败因素	自身、外部
传事类	传事概括	按时间顺序概括
	传事作用	指向传主核心特征
传记类	传记形式	对话、年谱、引用
	内容特点	琐事、工作、侧面
	语言特点	诗意、朴实、口语

下面来说说审题和答题的注意事项。

1. 读懂题目中的暗示

大家要明白，很多时候，限制也是导向。打一个比方，一个没有窗子的房间，现在门被锁上了。这个锁就是限制，是约束我们的东西，但也给我们提醒：不必要挖墙，不必要砸天花板，只要把这个锁砸开就行了。

我们以 2015 年新课标全国卷Ⅰ《朱东润自传》为例，文本后面有这样一道题：作为带有学术性质的传记，本文有什么特点？请简要回答。

这一句“带有学术性质的传记”既是“限制”，也有“导向”。这其实暗示我们答案应该是两个方面的内容：“学术性质的传记”一般性的特点，以及本传记和一般的“学术性质的传记”不同的地方；也就是说，先找共性，再找个性，或者说先找常规，再找意外。

大家来看答案。①偏重学术经历，主要写自己的传记文学观及其形成过程；②写生平与写学术二者交融，呈现学术背后的家国情怀；③行文平易自然，穿插使用口语，就像和老朋友闲谈一样。

前两条是围绕符合“学术性质”的方向，是“常规”；而最后一条是“意外”，“学术性质的传记”按道理讲应该是抽象晦涩、充满术语的，但本文却像“闲谈”一样。

再举个例子：人物传记阅读中《几何学中的哥白尼》这一篇，有一题是这样问的：“本文为什么详细介绍高斯拒绝公开支持非欧几何一事？”

很多学生只能想出“借高斯形象来衬托罗马切夫斯基形象”这一句，再写不出别的来。我们同样要从题目中读出暗示性，这道题不是简单问“为什么写高斯”，而是“为什么详细介绍高斯拒绝公开支持非欧几何一事”，从逻辑上来说，这个“为什么”里至少有这样几个意思：为什么写这件事，为什么“详细介绍”，为什么介绍高斯拒绝“公开支持”。

2. 关注题目中的关键词

例如，题目：路遥是“格外理性”的作家，材料中有哪些体现？请简要分析。

大家来看答案。①面对荣誉，头脑冷静，不愿躺在功劳簿上享受余生。②面对质疑，清醒地认识自己，不失信心和决心。③面对未来，目标明确，意志坚定，追求自我超越。

题目中的关键词是“理性”，答案中的每一点，都要对应这个关键词，否则就没有逻辑。实际上阅卷老师不大可能完整地读完考生答案里的每一句，常常是找关键词的对应词语。所以答案中的“头脑冷静”“清醒地认识自己”“目标明确，意志坚定”，就是这种逻辑上的对应。

第八节
“炼字”题的答题方法

高考一直把古诗词的分析鉴赏作为一项重要的考查内容，其中鉴赏作品的形象、鉴赏作品的语言、鉴赏作品的表达技巧、评价文学作品的思想内容成为高考诗歌分析鉴赏的考查重点。下面根据近几年高考鉴赏题问答类型，对常考题的题目和答案作分析，明确其考核目标，归纳成几种模式，以指导考生备考。

一、分析“答案是什么”，找出复习的出路。

古诗鉴赏题设问方式不断涌现出“新花样”，答案也常给人 “随心所欲”之感。尽管这类考题鼓励考生有创意的答题，只要能自圆其说，都可给分。但还是要根据试题的要求，问什么，相应答什么；要什么，相应给什么。讲究答题的规范性，才不易丢分。

1. 设题方式及答案的不稳定性

对考生诗歌语言艺术特色的鉴赏能力的考查，主要是两个方面：一是赏析字词表达效果，二是赏析诗句表达效果，即“炼字”和“炼句”。这里以“炼字”题为例，选取 2011 年至 2013 年全国高考的 6 道题来分析，试题及参考答案如下：

序号	试卷	作品作者	关涉诗句	题干及分值	参考答案
1	2011 年 天津卷	骤雨 【宋】华岳	怒涛顷刻卷沙滩，十万军声吼鸣瀑。	（1）第三、四句中“卷”“吼”两个词有什么表达效果？请结合诗句简析。（2 分）	（1）“卷”从视觉角度，写出了骤雨来时的迅猛态势；“吼”从听觉角度，写出骤雨声势之大。
2	2012 年 安徽卷	最爱东山晴后雪 【宋】杨万里	软红光里涌银山。	9. 请赏析“软红光里涌银山”中“软”“涌”二字的妙处。（4 分）	“软”字以触觉写视觉，生动地写出了夕阳余晖可感可触、柔和温暖的独特美感；“涌”字运用比拟的修辞手法，形象地描绘出在夕阳红光映照之下，白雪覆盖的东山如银涛涌出的奇丽景象。
3	2012 年 湖北卷	送邹明府游灵武 【唐】贾岛	边雪藏行径，林风透卧衣。	14（2）贾岛注重用字推敲，请对第三联中的“藏”“透”二字作简要赏析。（4 分）	①“藏”字，运用拟人手法，描绘人行之迹很快便为大雪覆盖的边塞雪景，写景生动，颇有画意；一个“藏”字，已包含大雪纷飞、道路莫辨、行人稀少等多重意蕴。②“透”字，极为传神地展现了林间朔风砭人肌骨的穿透力，同时还隐含风急、天寒、衣单等内容，富有想象力和感染力。
4	2012 年 四川卷	子规 【元】曹伯启	贪夫倦听空低首，远客初闻已断肠。	14（1）本诗第二联中的“空”字极富韵味。请结合诗句简要赏析（3 分）	“空”字既传神的描绘出贪夫倦听却不得不听的矛盾之态，又形象地表达出了贪夫徒劳无奈、难以排遣的惆怅之情。
5	2013 年 湖南卷	钓船归 【宋】贺铸	绿净春深好染衣。	(2) 简析首句中“净”字的妙处。(3 分)	联系“春深”“染衣”，“净”字巧妙展现了暮春时节芳菲凋尽，“绿”成了自然的主色调的情景，委婉道出词人内心的纯净。
6	2013 年 福建卷	送何遁山人归蜀 【宋】梅尧臣	春风入树绿	请简要分析首句中“绿”字的妙处。（2 分）	(1)“绿”字写出了春风吹绿林木的动态，表现了春风的活力，显示了春天的生机,增强了诗的韵味。

（1）从题目设置上来看：这6道题题干设定的答题形式，有3道用的是“赏析”，2道用的是“简析”，1道用的是“简要分析”；答题方向上，有3道用的是“妙处”，1道用的是“表达效果”，1道用的是“极富韵味”，还有1道用的是“注重推敲”；答题限制上，有2道直接点明要求“结合诗句”，其余3道未作限制；分值上，都是2-4分。总体来说，题目表述方式有一定差异，呈现出一定的不稳定性。

（2）从参考答案上来看：①这6道题中所“炼”的9个字，前5个提到了所用手法，其中“卷”和“吼”是写作角度，“软”“涌”和“藏”是所用修辞，后四个没有提到所用手法。②有的题答案比较概括，如第1题答案，先说出从哪个角度写的，然后直接说写出了描写对象“骤雨”的两个特点。③有的题则较为详细。如第2题不仅写出所用修辞（“以触觉写视觉”“比拟”）、描写对象特点（“可感可触、柔和温暖”“壮丽景象”），对这个词在写出对象特点时进行了点评（“生动”“形象”），还对原句所写之景进行了描摹“在夕阳红光映照之下，白雪覆盖的东山如银涛涌出”；第3题除了指出所用修辞（“拟人”）、描摹原句之景（“人行之迹很快便为大雪覆盖”）、点评描写特点（“写景生动，颇有画意”“极为传神”“富有想象力和感染力”）外，还写出了该字的丰富意蕴（“包含大雪纷飞、道路莫辨、行人稀少等多重意蕴”“隐含风急、天寒、衣单等内容”）。④第4题第5题还写到了所“炼”之字在表达情感上的作用（“无奈、难以排遣的惆怅之情”“委婉道出词人内心的纯净”）。

总体上看，参考答案的设置也呈现出一定的不稳定性。

2. 得分点的稳定性。

用下表对上述6道题中的答案作一个分析：

字	词性	答案层次
卷	动	角度（手法）+形象性（效果）
吼	动	角度（手法）+形象性（效果）
软	形	通感（手法）+形象性（效果）
涌	动	比拟（手法）+形象性（效果）
藏	动	拟人（手法）+形象性（效果）+含蓄性（效果）
透	动	形象性（效果）+含蓄性（效果）
空	形	精确性（效果）+情感性（效果）
净	形	形象性（效果）+情感性（效果）
绿	形	形象性（效果）+含蓄性（效果）

从上面这个表你可以清楚地看出，所“炼”的9个字，5个动词，4个形容词，所选词词性是有相对的稳定性的。看似多变的答案，其实得分点不过“手法”和“效果”二端，在“差异性”的“皮”里蕴含着“稳

定性”的“核”。分值低的，则该字的表达效果相对单一；分值高的，则该字的表达效果相对丰富。具体来说：手法层面包括词语的角度、修辞等，效果层面包括诗歌语言的“四性”：形象性（有画面感）、含蓄性（有丰富意蕴）、精确性（传神表达）、情感性（表达情感）。

可见，只要认真细致地分析，高考答案也不是“雾里看花”，通过这样的分析，学生明确了“答案是什么”，看清了答案的构成，在复习时也就很容易找到出路了。

二、分析“答案为什么是这样”，找出有效复习的依据。

古代诗歌答案设置主要来自两个方面。一方面是参照《语文课程标准》“阅读与鉴赏”部分的要求及《考试大纲》中关于文学作品阅读的考试要求来分析。另一方面是结合学生的作答，与答案作比较分析。下面分别来说一下。

1. 从《课程标准》和《考试大纲》的要求分析“答案为什么是这样”

《普通高中语文课程标准》第二部分“课程目标”要求“努力提高对古诗文语言的感受力”。《考试大纲》在古诗文阅读“鉴赏评价”等级中的要求更为明确，表述为“语言的鉴赏，侧重于领会语言艺术的特色”。所谓“感受力”，就是能看出语言表达的方式和用这种方式的好处；所谓“语言艺术的特色”，指语言的外在形式及该形式在表达上的优势。语言表达的方式和语言的外在形式，是指所用手法，好处和优势是指使用这种手法收到的效果。这样看来，这两个要求本身都暗示了这种鉴赏语言类题目的答案的两个构成：采用了何种手法，收到了何种效果。

从上面的6道题来看，这类手法可以是该字描写的角度，如第1题中的“视觉角度”“听觉角度”，也可以是运用了某种修辞，如第2题、第3题答案中的“通感”“比拟”等。这类效果可以是巧妙地写出对象某方面的特点，如上面答案中的“迅猛态势；“声势之大”“可感可触、柔和温暖的独特美感”等；可以是对该字描写对象特点效果方面的评价，如答案中的“生动”“形象”“传神”“巧妙”等；可以是对该字所在句子意境的描摹，如上面的第2、3、6题；可以是该字在引发读者想象、表达丰富内涵方面的作用，如上面3、4、6题；还可以是该字和诗句中别的字词结合起来所起到的效果，如第5题答案中的“联系‘春深’‘染衣’‘净’字巧妙展现了暮春时节芳菲凋尽”。而中国古诗词语言上最突出的几个特点就是上表所列举的四个方面：形象性、含蓄性、精确性、情感性。

这些看似没有规律充满“变数”的答案，实际上都归入“手法”和“效果”两类，都是符合《课程标准》和《考试大纲》对古诗文语言鉴赏的要求的，可谓是“万变不离其宗”。

2. 从学生答题和答案的比较中分析“答案为什么是这样”

我以我们班学生写的两道题的答案为例，让你了解一下大家的答题状况：

题目	学生答案	错误分析
（2011 年天津卷）第三、四句中“卷”“吼”两个词有什么表达效果？请结合诗句简析。（2 分）	学生甲：写出了骤雨的强烈，雨很大，雨很急。（1 分）	能从整体上答出二字的表达效果，但未“结合诗句”，也未写出二字描写的角度。
	学生乙：“卷”字写出怒涛上岸时的情况，“吼”字写出了瀑布鸣叫时的情况。（0 分）	未写出两个字描写的角度，也未具体写出画面感（写出雨的什么特点）。
（2012 年安徽卷）请赏析“软红光里涌银山”中“软”“涌”二字的妙处。（4 分）	学生甲：“软”字写出太阳光不强，“涌”字写出了山的动态美。（1 分）	未点明两个字所用的表达手法，对“涌”字的分析过于笼统，没有描摹该字带来的画面感，也就没有具体准确地说出该字的“妙处”。
	学生乙：“软”字为通感手法，写出了“红光”的柔和；“涌”字以动词来写静景。（3 分）	对于“涌”的赏析，只写出了该字描写的角度，没有写出该字用在这里的效果。

由上发现，学生对题目的组成部分是有一些感觉的，但意识不强，不能很清楚地判断这类题的两个组成部分。他们之所以写出上面这些不准确的答案，主要是审题不仔细和对诗句理解分析的能力不理想，具体表现在：①没有看清题目的要求。如第一题中的限制性要求“结合诗句简析”。其实限制也是暗示，比如类似的暗示还有第二题中的“贾岛注重用字推敲”“空”字极富韵味”，题目的要求或暗示肯定和答案有关，学生却容易忽视这一点。②没有形成思维模板。因为不知道“答案应该是怎样的”，写完以后也就不能评价“答案为什么是这样”。如果清楚“手法”和“效果”这两个组成部分，思考时就会有意识地从这两方面入手，就容易答得全面。③题目的隐含要求想不到。赏析一个字的妙处，除了“用什么手法写”，还有“写得怎么样”，“写得怎么样”里一定包括“写了什么”，不知道“写了什么”就不能评价“写得怎么样”，这样想，答案里把所“炼”之字所在的句子描述一下，也就不足为怪了。

三、分析“怎样才能得到这样的答案”，建立“模板”，提高复习教学的有效性。

当我们尝试着建立这样的分析框架，

也许我们会达到事半功倍的效果。

第一步：在确定该字的意思并明确其描述的对象的基础上确定使用了何种手法。比如第二题中的“软”，要知道它在这里是“柔和温暖”的意思，它形容的对象是“红光”，从而确定这个字用了“以触觉写视觉”（即“通感”）的手法。

第二步：描述该字所涉及的对象的特点，并点评这个字在描述该对象特点方面的效果。即考虑该字的形象性，一般要结合诗句描摹画面。这是“炼字”题最常见的答案，上面所举的6道题中所“炼”的9个字，有8个字答到了这个方面。品味语言之美，离不开描绘对象特征，不明确对象特征，不描述所在诗句（如上面学生做的答案），就会使鉴赏失之空泛。

第三步：考虑该字在诗句中是否有言外之意，是否有引发读者想象的妙处，如上面高考题中的“藏”“透”“绿”等，如有，要结合诗句写出。

第四步：考虑该字是否准确生动地写出了什么或表达了诗人（或抒情主人公）什么样的情感。

建立了这样的分析模板后，你就很容易形成“迁移”能力，学会分析其他相类似的题目的答案构成，收到触类旁通的复习效果。

与“炼字”类题相似，“炼句”类题的表述方式和答案的层次，虽然题目的表述方式有差异，有的用“赏析，有的用“分析”，有的也点明了答题方向，如“妙处”“精妙”“飘逸”等，答案的详略和侧重也不同，但答案也是分为手法和效果两个层面的。手法多为写作角度、修辞、描写手法等，而效果也体现在形象性（有画面感）、含蓄性（有丰富意蕴）、精确性（传神表达）、情感性（表达情感）四个方面。

在高考试题中，古诗词类的题是有难度的，在做了足够的练习，有了感性认识后，可以“定制”一些“推而广之”的分析模板，让自己感到“有章可循”，这样就不会在复杂多变的高考复习试题前畏惧或抱怨，所谓古诗词的复习的有效性才能得以发挥。

第九节

理解型名句默写题的几种类型

在现在的全国卷中，名句默写采用的是情景式默写，也可以称之为“理解型默写”，以区别于以前的默写上下句的形式。

我们知道，做这类题仅靠背诵诗文是不够的，还要理解诗文内容。不过目前很多模拟卷上的题目，大多采用的是把要默写的那句话翻译一下，或把主要内容概括一下，然后让写出句子。细看近几年全国卷题目，至少有三种设置情景的方式：提示语境型、交代功能型、概括内容型。分别举例说明一下。

一、提示语境型

（2015 年全国Ⅰ卷）《庄子·逍遥游》指出，“__________，____________”，就像倒在堂前洼地的一杯水，无法浮起一个杯子一样。

这一道题就提示了语境，解释了要写的那句话后面一句的主要内容，通过这种方式提示考生要默写的句子。不明确这种命题的方式就可能犯两种错误：一种是直接写解释的那句话，比如这道题学生就很容易写成“覆杯水于坳堂之上，则芥为之舟”；还有一种是按照句意，而不按照语境位置默写，比如学生可能会认为这道题也可以填“风之积也不厚，则其负大翼也无力”。这道题的提示已经告诉我们，答案只能是“覆杯水于坳堂之上，则芥为之舟”前面那两句：“（且夫）水之积也不厚，则其负大舟也无力。”

以下两道高考题也属于这种类型：

（2016年全国Ⅰ卷）《荀子·劝学》指出，蚯蚓虽然身体柔弱，却能“____________，____________”，是用心专一的缘故。

（2017年全国Ⅰ卷）杜牧在《阿房宫赋》的结尾处感叹道，如果六国爱护自己的百姓，就足以抵抗秦国，紧接着说：“____________，____________？”

不过2016年全国Ⅰ卷的这道题既提示了前面的语境，又提示了后面的语境，较之2017年全国Ⅰ卷这道情景式默写题，只给了前面的语境，更明确一些，难度就小一些。

二、交代功能型

（2015年全国Ⅱ卷）苏轼《念奴娇（大江东去）》中“____________，____________”两句，收束了对赤壁雄奇景物的描写，引起后面对历史的缅怀。

这是一道交代功能型的题，具体来说，这道题交代的是要填的句子在全词中的结构功能——“收束”和“引起”，让考生据此确定要填的句子。这里应填“江山如画，一时多少豪杰”。

下面这道题，也是交代结构功能类型的题：

李白《蜀道难》中“____________，____________”两句，以感叹的方式收束对蜀道凶险的描写，转入后文对人事的关注。

这道题除了用“收束”和“转入”交代结构功能外，还添加了“感叹的方式”的提示，降低了题目的难度。答案为：其险也如此，嗟尔远道之人胡为乎来哉。

三、概括内容型

（2017年全国Ⅰ卷）曹操《观沧海》中“____________，____________”两句描写了海水荡漾、峰峦矗立的景象。

这一类题直接概括（或描述）要填句子的主要内容，或对之进行评价，让考生根据概括（描述）、评价来推断要填的句子。此句的答案应为：“水何澹澹，山岛竦峙。”

下面这道题，也属于这种类型：

（2015全国Ⅰ卷）杜牧《赤壁》中“____________，____________”两句，设

想了赤壁之战双方胜败易位后将导致的结局。

以上是目前全国卷高考常见的三种类型。分清了题目类型，复习时才能考虑周全，做题时才更有针对性，希望引起各位考生的重视。

当然，以上三种类型在命题时，也可能不是单独使用，比如下面这道题：

（2016年全国Ⅱ卷）杜牧《阿房宫赋》中以“__________，__________”描写阿房宫宫人的美丽，她们伫立远眺，盼望着皇帝临幸。

“描写阿房宫宫人的美丽”是概括所要写的句子的内容，而“她们伫立远眺，盼望着皇帝临幸”则提示了所要写的句子所在的语境。所以这道题属于两种类型的结合使用。正常情况下，这种类型会使题目更明确，降低难度；不过这也可能使一些不够细心的同学作出误判，比如这道题的答案应该是“缦立远视，而望幸焉”，如果只看后面的“她们伫立远眺，盼望着皇帝临幸”，就容易写成“一肌一容，尽态极妍”。

除此之外，还有以下两种类型我们也要注意。

第一种，我们可以称之为“交代手法型”，给出相关语句运用的手法，让考生写出相关的语句。如：

岑参在《白雪歌送武判官归京》中以春花喻飞雪的名句是“______________，______________”。

第二种，我们可以称之为“联系比较型”，即把两个不同名篇里的诗句联系起来，给出其中的句子，找到他们的相同或不同之处，然后让你写出另外一篇里的句子。如：

《荀子·劝学》篇中指出：“青，取之于蓝，而青于蓝。”这与韩愈在《师说》中指出的“______________，__________________”的观点是相似的。

名篇名句情境式默写策略

第十节

选句填空题的选句标准

给段材料，将其中的某些句子抠掉，给出四个选项，让选“最恰当的一句”，要求考生根据文义或联系上下文填补起来。

这类题的难度主要在“最恰当”，这里有两层意思：一个是恰当与不恰当，也就是说有的句子填在里面可能是错的；另一个是“最”，也就是说相比较而言，更恰当。

那么，哪一句最恰当，就得有个标准。

有这样一道题，说爸爸要到北京出差，火车开动了，小明突然想起来一件要紧的事，于是他大声喊：

A. 爸爸，你到北京如果有空，就到书店一趟，帮我买本新版的《现代汉语词典》。

B.《现代汉语词典》，新版的，买一本，爸爸。

做这道题是需根据情境作出选择的。在火车已经开动的情境下说事，就可以定出两条标准：一是简洁，二是重要的事放前面说。所以B就比A更恰当。

如果情境变为在家里聊天，那就A更恰当，也可以定两条标准：一是语序符合交流习惯，二是较为得体。

这是较为简单的例子，实际上考试的题没这么简单。回顾最近几年考的试卷，有一些新思路。我们举点例子，并说说这些题目选择句子的标准。这些标准只是常见，不是全部。

一、话题统一类型

填入文中画线部分最恰当的一项是（　　）

可是现在有些人采取一种盲目的态度，不加分析，不辨是非，把一切外来的文化都视为珍品，______竟五体投地地顶礼膜拜。

A. 其中的某些流派和创作方法被一些人看作海外奇珍

B. 甚至把某些流派和创作方法看作海外奇珍

C. 其中的某些流派和创作方法在他们的眼中成了海外奇珍

D. 甚至某些流派和创作方法被他们看作海外奇珍

具体说，这一题的标准是“主语一致”，材料的主语是“有些人”，而 ACD 又来了个新主语“某些流派和创作方法”，所以答案应该选 B。

再来看一道题，请大家判断一下：

与上下文衔接得最恰当的一项是（　　）

命运，其实是最公平的，它遵循一条鲜为人知的补偿法则，它青睐不断拼搏的强者，________收获也最多。

A. 强者在生活中失去太多

B. 强者尽管在生活中失去太多

C. 虽然生活让强者失去太多

D. 让在生活中失去太多的强者

显然，只有 D 项的主语是“命运”，符合题目中“最好”的原则。

二、“事理关系吻合”类型

对于爱好文科的考生，加强文科辅导是必要的，但是否可以忽视理科的学习呢？还要不要他们学习数学、物理、化学和生物呢？__________

A. 从长远观点看，我们认为这样做是很不恰当的。

B. 如果我们缺乏战略眼光，就可能作出错误的回答。

C. 为了使学生有合理的知识结构，我们的回答是肯定的。

D. 只要认真想一想中等教育培养的目标，我们就会说：不可以。

分析：这个材料中有两个问句，从事理逻辑上看，第一问应回答“不可以”，第二句应回答“要”，这两个问题的回答方向不一致，对他们作统一答复，无论是用肯定，还是否定，都不妥当，只有选择 B 了。

三、“词语照应、暗示”类型

依次填入下列句子横线处的语句，与上下文衔接最恰当的一组是（　　）

（1）雨停了，黑云铺满天。又一阵风比以前更厉害，__________

风、土、雨混在一起，连成一片，横着竖着灰茫茫的，一切的东西都被裹在里面。

（2）今天，当我站在古城墙上游目骋怀，才猛然悟到：__________

他们创造着古城墙新的内涵，创造着古城墙新的形象，并在这创造中重塑了自己。

①柳条横着飞，尘土四处走，雨道往下落；

②尘土四处走，柳条横着飞，雨道往下落；

③西安人民分明是在创造，他们完成的岂止是对古城墙的修复？

④西安人民完成的岂止是对古城墙的修复？他们分明是在创造；

A. ①③ B. ②③ C. ①④ D. ②④

第一个空后面是“风、土、雨”，所以前面按照后面的顺序，一一照应；第二个空后面的句子中都有“创造”，并以这个词开头，所以这句最后落实到“创造”，照应后面的句子。应该选C。

四、“逻辑侧重”类型

依次填入下列横线处的语句，与上下文衔接最恰当的一组是（　　）

学好文科的关键是要有很强的记忆和理解能力，刘言和李莉两位同学各有所长，____。

A. 刘言的记忆能力比李莉强，但刘言的理解能力没有李莉强

B. 李莉的记忆能力没有刘言好，但理解能力比刘言强

C. 刘言的记忆能力比李莉强，李莉的理解能力比刘言强

D. 李莉的记忆能力没有刘言好，刘言的理解能力没有李莉强。

分析：因为横线前面是“各有所长”，所以后面应介绍两个人的长处，明确了这一标准，就比较容易选出答案C了。

五、“句式勾联”类型

填入下面横线处的句子，与上下文衔接最恰当的一项是（　　）

荒草地不远，一条欢腾的小溪自上而下，汩汩流淌。溪水那边是一大片开阔地，____________________________，房顶上的烟囱正飘着轻烟。

①一片森林在开阔地上静静地站立，

②开阔地上有一片森林，

③数十棵树掩映着一座白色庭院，

④一座白色的庭院掩映在数十棵树中，

⑤几间白房子坐落在庭院中间，

⑥院中有几间白房子，

A. ①③⑤

B. ②④⑥

C. ②③⑥

D. ①④⑤

前一句的宾语作后一句的主语，形成顶真，语句较为流畅，这里遵循的标准类似“从前有座山，山上有座庙，庙里有个老和尚，老和尚给小和尚讲了个故事”。这个材料里“地”“林”“树”“庭院”等，是前后勾联的关键，所以选C。

除了以上标准，还有语句顺序、音韵、意境等标准，答题时大家也要关注。

第十一节

衔接补写题的解题方法

2013年到2015年高考全国新课标的第16题都是补写衔接题，属于语言文字运用中“语言表达连贯”这一考点。这道题表面上看重点是考查考生正确运用语言文字进行准确表达的能力，实际上也是考语言的连贯能力，尤其是理清一段话的结构层次和内在逻辑关系的能力。

可以说，这类题的每一个空，都不能凭感觉写句子，因为在一个具体的语境中，句子总处于语段的某个层次、承担着某种功能、表述上受到前后句子的约束，所以答案应该是相对确定的。

举几个例子来说一下这类题的答题方法。

在下面一段文字横线处补写恰当的语句，使整段文字语意完整连贯，内容贴切，逻辑严密。每处不超过15个字。

“一阴一阳之谓道”是中国古代哲学中的一个重要论断。那么，___①___？首先，___②___，万事万物都存在这种关系，比如自然界的天地、四季、山水、风火等，都有阴阳之别。其次，阴阳两种属性尽管是对立的，___③___，阳中有阴，阴中有阳，阴阳互相配合，才能化生万物。再次，阴阳是可以互相转化的，比如赢与食、泰与否、损与益等，都不是一成不变的。由上所述可见，阴阳两种属性是对立统一的关系。

首先，我们要划分该段落的层次。要分层，首先看句末符号，这段话共有6个句末符号（1个问号，5个句号）。第1句是个“引语”，就是引出本段的论述对象；空缺①是个问句，而第3、4、5句中有“首先”“其次”“再次”三个方面的分析，可以判断空缺②是个论题；而第6句有“由上所述”字样，可知是结论。因此，我们可以把这个段落分为三层：1、2句引出交代论题，3、4、5对此分析，第6句作总结。

紧接着，我们开始确定句子功能。确定了层次以后，我们就可以确定三个要填的句子分别承担什么样的功能。空缺①要填的句子应该是一个总括性的问句，引出后面的分析，可从总结句即第6句来推断，句子应包含“阴阳”和“关系”两个关键词。空缺②应该填一个能概括该句后面分析的句子，从该句后面的分析可能还不太好确定，但我们看到“其次”的后面有一句“阴阳两种属性尽管是对立的”，可知此句应该是谈阴和阳的“对立”，再结合第二个空后面的分析即可确定。空缺③应该是这一句后面分析内容的总括句。结合前一句的“对立”，再结合空后的分析，以及最后一句总结句，也可以确定关键词应该是“统一”。

最后，调整句子的表达。当句子的功能及关键词确定后，要考虑选择合适的句子来表达。比如第一个空，根据后面的总结“阴阳两种属性是对立统一的关系”，加之此处应是问句，可知此句应填“阴阳两种属性是什么关系呢”。第二个空应该填“阴和阳是对立的关系”。第三个空还要考虑前一句中的“尽管”，因此句中应有表示转折的词语，此处应填“但又是统一的”。

以上三步，可作为做此类题的一个方法参考。再举个例子。

（2015年全国Ⅱ卷）在下面一段文字横线处补写恰当的语句，使整段文字语意完整连贯，内容贴切，逻辑严密。每处不超过15个字。

读书的目的仅仅是为了记住书中的内容吗？答案是否定的。__①__。记忆型阅读是我们缺乏想象力的根源之一，因为它容易导致盲从书本知识，从而失去质疑精神。批判型阅读是一种创造性阅读，它不追求__②__，而主张激发想象力和灵感，带着自己的思考，让自己变得更有思想。能通过阅读提出有价值的质疑，__③__，通过分析根源找到解决问题的途径和方法，这在泛阅读日益普遍的时候更显得难能可贵。

我们也按照上面的办法来做题。

第一步，划分段落层次。第1、2句话是引语，可视为第一层，要填的第一个空内容不能确定，后面一层写记忆型阅读，最后一层两句写批判型阅读。

第二步，确定句子功能。第一处乍一

看是多余的，因为前后的句子似乎都是独立的。一般来说，这样的句子有可能有三种情况：一种是对前一句的总结，一种是对下一句的领起，还有一种是承上启下。因为后面出现了“记忆型阅读”和“批判型阅读”，而这两个叙述对象在空缺①前面的句子中没有提及，所以可以判断这句话的功能应是承上启下。空缺②里的句子前一半是“它不追求”，可见是与前一种阅读作比较的，那么就应该填前一种阅读，即记忆型阅读的不值得提倡的表现特点。空缺③前一句有“质疑”，后一句有“根源”，可见中间这句要起到承上启下的作用，将二者联系起来。

第三步，调整句子表达。先看空缺①，根据后面的文字，此处只能是对阅读进行分类的表达，所以可补写为“阅读有记忆型和批判型之分”或“阅读可分为记忆型和批判型”。再来看空缺②，是对记忆型阅读特点的概括，根据“读书的目的仅仅是为了记住书中的内容吗”和“它容易导致盲从书本知识”可以得出记忆型阅读应该是一种简单的、机械的阅读，所以“简单的、机械的知识记忆”这样的补写才是比较准确的。最后看空缺③，它不但与前面“能通过阅读提出有价值的质疑”有关，也与后面“通过分析根源找到解决问题的途径和方法”意思有关，此处是一种顶真格式，所以补写“通过质疑找出问题的根源”才能前面接上“质疑”，后面生出“根源”，是比较准确的。

再看一下另一道：

（2015 年全国Ⅰ卷）在下面一段文字横线处补写恰当的语句，使整段文字语意完整连贯，内容贴切，逻辑严密。（每处不超过 15 个字）

电子商务存在的价值之一，就是通过互联网进行网上购物、网上支付，节省消费者与商家的时间和空间，__①__。对于工作忙碌的上班族而言，__②__，还易于达到货比三家、快乐购物的目的。在信息多元化的 21 世纪，__③__，完成购物，已经成为许多消费者的习惯。

还是用上面所讲的办法，先分层。这道题需要注意文段的语意发展推递关系。该文段细分有三个层次，首先是说电子商务的价值，然后从电商价值例说上班族利用电商的好处，再从上班族拓开到一般消费者的习惯。然后再看句子的功能和表述。空缺①是对前一句的总结。而前一句有“消费者”“商家”“时间”“空间”四个因素，前两个只能用“交易”来概括，如果用“购物”就不够全面，后两个只能用“成本”“效率”等词语，再加上句间推导性的要求，最好加个“从而”，所以此处应填“从而大大提高交易效率”。再看空缺②，②紧接在“对于工作忙碌的上班族而言”后面，与上句相比，内容只是单方面的，与“忙碌”

相对应的是“时间”，与“上班族”相对应的是“消费者”，而后面又有“还易于”的信息提示，所以补写“除了大量节省宝贵时间”。最后看空缺③，这是三处最难的一处，因为很多学生很容易写成“利用互联网”，乍一看也是通的，其实这存在两个问题，一个是这类题要填的是“语句”，不是短语，另一个是，如果填写这样的短语，后面的逗号就是多余，前面的“信息多元化”也显得多余，要考虑这些因素，还要与第二层“货比三家”意思有关，所以应该补写浏览信息之类的语句，这样，“上网浏览商品信息”既呼应电商话题，又与商品信息浏览比较的内容相照应，是比较准确的。

复习这个专题时，掌握此类题目的特点，按照一定的顺序，分析句间关系，做题不凭感觉，才能提高复习效率。

衔接补写题（上）

第十一节

解题，先要“解风情”

——应对新高考，如何学语文

一位初三学生说，自己中考语文没发挥好，只考了130分。我开玩笑说，你说这话不是气人吗？没发挥好，还考了130。的确，因为中考是结业性考试，分数普遍高，130分还真不算太高，140分左右的也有不少。而高考是选拔性考试，得分就没那么容易了，所以我又“安慰”那位同学：没事，这可能是你语文最后一次考这么高的分。

实际上，高中语文老师都不得不面对一个尴尬，那就是学生的语文往往会被教得“越来越差”。有时家长和语文老师聊天：孩子初中语文一直挺好的，自从您教了语文以后，不知怎么了，就越来越考不到分。还真不能怪家长不会说话，事实如此。高中语文真的不容易得分，而且差距越来越大。

上了高中以后，语文从初中的重识记（显性知识），转为重理解、鉴赏（隐性知识）。学生已经习惯了记一些确定性的东西，而我们语文老师教隐性知识的能力也是有限的，加之“语文靠天收”的观念根深蒂固，于是，语文学科被边缘化，地位断崖式下跌。很多同学到了高考前两个月，好像才突然想起高考是要考六门的，还有一门叫“语文”。

但是，无数的事实让大家不得承认：语文，对考大学，有至关重要的影响。而且还有“巅峰看语文”的说法，也就是说对一个高中生来说，你和你的真正对手，在数学、英语、综合方面，是不可能有太大差距的！你绝不可能在数学、英语或综合任意一科上，超越你的对手20分——如果超越了，只能说那个人本来就不是你的对手，和你不在一个段位上。

但，语文，就有可能！某高中有个760班（中考分数都在760分以上的重点班），高考时，该班两位数学、英语、理综分数几乎没有差距的同学，一位语文考了128分，一位考了91分，语文一科，竟然相差近40分。语文学科拉不开差距的状况已经发生了变化。

2018年高考结束，很多同学吐槽，说高考语文卷开启“坑人模式”，还有人说高考语文变难了。

其实哪里是“坑人”“变难”，只不过命题人在以一种矫枉过正的态度，扭转语文学习误区，引导高中语文教学。不管是阅读文字量加大（2018年总文字量已近9 000字，较前一年增加了600多字），还是题目形式的创新，或者设问角度和方式的变化，其实都是奔着一个目标，那就是：改变那种多学少学一个样、学与不学一个样的“语文靠运气”的状况。关注真实的语文能力，让爱阅读的、爱写作的、在语文上多花时间的、具有语文素养的同学得高分；拒绝套路、捷径，旗帜鲜明地反对背模板、死记术语；让投机取巧者吃亏，让短视者被坑，让“临时抱佛脚”的人感觉不到“佛的慈悲”。

过于注重刷题，而不注重语文能力的提高，高考中将很难考出好成绩。新的高考语文，特别需要学生的一个能力，那就是对语言的敏感度。我们常说语文学习和情商有关，实际上首先就是理解别人语言的能力。

1. 做“火眼金睛的孙悟空”，能判断词语表意上的不同，能区分“您聪明，还能把那点意思闹成不好意思吗”中两个“意思”的不同意思。

2. 做“敏感的诗人”，能品味语言的审美趣味，能区分“火烧锅”和“蓝色的火苗轻舔锅底”的区别。

3. 做“优秀的侦探”，能判断语言的深层含义，从“春雨贵如油”里不仅能看出春雨贵、油贵，还能看出春雨少、春雨重要。

4. 做“老司机”，能预判语言的走向，从“张三人是个好人”预判出下一句内容。

5. 做“耐心的淘金者”，能区分一段话中的重要信息和次要信息、干扰信息。班主任找谈话，能听出来“你最近整体表现还不错”是次要信息，“但是……”才是重要信息。

6. 做“高精度的CT机”，能透过X光片，看到一篇文章的骨架、骨髓、关节连接处。

上面举例比较简单，主要是为了方便大家理解。我再来举一下高考材料或题目来作一下分析。

（2018年全国Ⅰ卷）诸子之学，兴起

于先秦，当时一大批富有创见的思想家喷涌而出，蔚为思想史之奇观。在狭义上，诸子之学与先秦时代相联系；在广义上，诸子之学则不限于先秦而绵延于此后中国思想发展的整个过程，这一过程至今仍没有终结。

大家可以试一下，看自己能不能迅速判断出来这段话主要讲什么。你可以先看句号，看出这段有两个句子，显然前一句是导入，后一句是正题。后一句中间又有个分号，显然，分号前、后的句子地位不对称，前面为次，后面为主。于是我们就能判断了，这段话主要讲“诸子之学绵延至今”。有了这样的习惯，才能提高阅读的速度。

再来看一句，“艺术品的接受在过去并不被看作是重要的美学问题……”（2015年全国Ⅱ卷第一题材料第一句），大家通过这一句，来判断下面选项里这一表述是否正确：“在过去，艺术品的接受并不属于美学的研究范围。”材料中的第一句，说艺术品接受美学不被看作为重要的美学问题，恰恰证明它属于美学问题，只不过重要程度不被认可，这是我们应该能从句子中感受到的言外之意，所以选项的这个表述“不属于美学的研究范围”是不正确的。

有一年一道高考题是作家冯骥才说的两句话：“运动中的赛跑，是在有限的路程内看你使用了多少时间；人生中的赛跑，是在有限的时间内看你跑了多少路程。”考生在审这个作文题时，首先就要能够判断，分号前后的这两句话，是不对称的，重点是后一句，前一句是为了引出后一句。

最典型的是2018年全国Ⅰ卷的病句题，题目如下：

文中画横线的句子“这艘船经历了大洋矿产资源研究开发专项的多个远洋调查航次和大陆架勘查多个航次的任务”有语病，下列修改最恰当的一项是（　）

A. 这艘船经历了大洋矿产资源研究开发专项的多个远洋调查航次和大陆架勘查多个航次的调查。

B. 这艘船执行了大洋矿产资源研究开发专项的多个远洋调查航次和多个大陆架勘查航次的任务。

C. 这艘船经历了大洋矿产资源研究开发专项的多个远洋调查航次，完成了多个航次大陆架勘查任务。

D. 这艘船执行了大洋矿产资源研究开发专项的多个远洋调查航次，完成了多个大陆架勘查航次的任务。

这个病句题是有很大变化的，以前是给四个句子，让选出没有语病的一项，现在变成修改；另外，今年题目表述为“修改最恰当”的一项，要求在比较中选择，强调学生在语言运用方面判断优劣的能力。

大家要作出判断，除了基本的语法能力，还要有语感能力。

我们可以从语法上先找一下原句的主干，“这艘船经历了任务”，我们很快就能判断，这个句子语病比较明显，动词（“经历”）宾语（“任务”）搭配不当。按这条原则，C 项就被排除了。

然后，我们还需要通过语感来判断，修饰语“大陆架勘查多个航次的”顺序不对，应该是“多个大陆架勘查航次”。这个问题，如果学生的语感能力达不到，还有两种办法，一种是记得定语的一般顺序（表领属关系的或时间、处所的短语 + 指代或数量的短语 + 动词或动词性短语 + 形容词或形容词性短语 + 名词或名词性短语 + 中心词），第二种是能根据前一个短语“多个远洋调查航次”判断出后者与之不匹配。按这条原则，A 项就被排除了。

另外，修改病句固然要修改语病处，但还要尊重句子的原意，依据这一原则，“多个远洋调查航次和多个大陆架勘查航次”共同修饰“任务”，不能拆开，C、D 两项已经破坏了原句的结构，

通过举这些例子，大家就看出，新高考题，需要学生对语言敏感，解语文的风情，需要“阅读无数”。

致谢

到今年，正好教了 20 年语文，实际上是学了 20 年语文。这本书就是学习的结果。平常教学、读书，有所得，做些整理和总结，久久为功，写了几百篇，选取适合学生阅读、学习的内容，辑成本书。

首先感谢合肥八中，十年来，这里优秀的同事、可爱的学生，促我努力，助我进步。特别感谢一直鼓励教师学习、关注教师成长的合肥八中校长王建明，积极促成此书出版，并亲自作序。

感谢人民教育出版社编审顾之川老师，看本书书稿到凌晨四点，并写下鼓励之语。感谢上海师范大学中文系郑桂华教授为本书题词，几年来，从教学到做人，细心指导我。感谢全国中语会副理事长杨桦老师为本书题词，在很多语文教研活动中，杨老师亦给予我很多指导。

合肥八中语文组教师王磊、叶守义、阮晋豹、刘影、刘宝茹、邬婷婷、许婧、孙云云、张媛媛、汪琼、陈天华、陈志宏、杨旭东、金瑞、宫为菊、郝群、贺宗薇、夏辉亮、夏南、唐素文等为本书提供了有价值的建议，付出了辛苦劳动。山东滕州梁秀英、福建霞浦严华、合肥一六八中学饶晔、北城中学方萍萍、潜山野寨中学周竹琴等老师，以及安大文学院研究生王亚男，给本书提了很多修正建议。

安徽高考阅卷组共事的老师，合肥教研室一起命题的老师，和我一起开直播课的语文名师，他们都给了我很多指导，书中一些篇章的思路得益于他们。“从良老师”公众号里很多朋友的留言反馈，常引发我思考，使我受益。

安徽大学出版社杨序、汪迎冬两位编辑，为本书出版做了大量辛苦的工作。

一并致以诚挚的感谢！

欢迎读者扫描公众号二维码，对本书留言指导。

谢谢大家支持。继续学教语文。

刘从良

2018.10.30